実話怪事記
穢《けが》れ家《や》

真白 圭

竹書房文庫

目次

幽霊ニ非ズ

行きつけの居酒屋で同席した、山田さんから聞いた話である。

彼は子供の頃、とても奇妙な体験をしたそうだ。

「昭和三十六年の話だから……私が十二歳になった年の出来事だよ。その頃は、まだ実家が三ノ輪《みのわ》（台東区）にあってね」

よく近所の悪ガキ共と連れ立っては、隣の荒川区にまで遊びに行っていた。

両親からは「あまり遠くに行くな」と言われていたが、遊び盛りだった山田さんは親の言うことなど聞く耳を持たず、連日のように荒川や町屋、ときには隅田川の河川敷にまで遠征したそうだ。

「それでね、いまでもそのときのことは正確に覚えているんだけど……五月二日の午後。学校が終わってから、近所の子たちと集まってね」

その日も荒川方面に向かった山田さんたちは、途中、鉄道の線路で遊んだという。

現在もふたつの区の境界沿いを運行する、常磐《じょうばん》線の線路である。

もっとも、当時の国鉄はまだ呑気なもので、線路に子供が立ち入っても、最近ほどにはうるさく言わなかったらしい。

彼らは線路に耳をあてて音を聴いたり、形の良い敷石を集めたりした。

すると、友達のひとりが「……あれは、何だろう?」と指をさした。

目を向けると、だいぶ離れた線路の上に、人だかりができている。

まるで遠景を揺らす陽炎《かげろう》のように、数十人の大人が〈ぼおっ〉と朧《おぼろ》げに立っていた。

線路の先は三河島《みかわしま》駅に繋がっているが、駅舎へ向かっている様子ではない。

「……何かあったのかな?」と、じっと目を凝らした。

すると、人だかりの中から赤い人影がひとつ、ゆっくりとこちらに近づいてきた。

それは――ズタボロに汚れた、血塗《ちまみ》れの女だった。

女は山田さんたちに向かって、真っ直ぐ線路の上を歩いてくる。

酷く曖昧で、感情の欠片もない虚ろな表情をしていたという。

やがて女は、唖然とする子供たちの間を通り過ぎると――

〈フッ〉と、霞《かすみ》のように掻き消えてしまった。

「えっ、いまの……幽霊?」と、聞くでもなく声が漏れた。

三河島駅の方向に目を向けると、先ほどの人だかりもいなくなっている。

怖くなった山田さんたちは、遊ぶのを止《や》めて家に逃げ帰ったという。

「それで帰ったら、お袋にえらく怒られてね。『お前、線路で遊んできただろ！』って、バレててさぁ。まぁ、子供なりに隠していたつもりだったんだけど……ふくらはぎに煤《すす》がついているのを、うっかり見つかってしまってね」

まだ、蒸気機関車が運行していた時代のこと。

機関車が排出する煤煙で、日本中、どの鉄道も線路の周りは煤で汚れていた。

そんなところで遊んだものだから、煤が手足にこびりついていたのである。

その上、現代と違って当時はご近所同士の繋がりが強い。

山田さんが線路で遊んだことは、その日のうちに間に近所中に知れ渡ってしまった。

そのため、他の子供たちもこっぴどく親に叱られ、罰として翌日（祝日）の外出を禁じられてしまったのだという。

もっとも、昼間に見た幽霊が怖くて、遊びに出る気も失せていたらしい。

「それで……翌日の晩だよ。近所の人が慌てた様子で、うちに駆け込んで来てね」

三河島駅で大変な事故が起こったようだと、声を枯らして教えてくれた。

昨日、山田さんが線路から遠望した駅である。

「救助に人手がいるかもしれない」と父が言い、家族全員で事故現場に向かった。

——地獄絵図だった。

大勢の人々が救助に立ち動く中、けたたましいサイレンが鳴り響いている。

辺りには焦げた金属と、臓物の生臭さの入り混じった臭いが充満していた。

大量の鮮血が染み込んだ線路の敷石には、切断された人体の破片が無造作に散らばっていたという。

だが、救助隊は負傷者の救護に忙殺され、それらには目もくれない。

誰も遺骸を拾い集める余裕がなかったのだと、山田さんは当時を述懐する。

「三河島事故といってね。もちろん、事故の詳細は後から詳しく知ったんだけど……最初、二台の列車が三河島駅で脱線事故を起こしてね。その時点じゃあ、大した被害はなかったらしいんだけど……そこに三台目が、突っ込んじまって」

最初の事故で線路に避難していた乗客を、後続の列車が次々と轢いたのだという。

後に判明した被害者数は、死者百六十人、負傷者二百九十六人。

戦後の鉄道事故史に残る、未曾有《みぞう》の大惨事だったのである。

「それでね、だいぶ後になって事故前日に見た幽霊のことを思い出したんだよ。『あぁ、あれは、事故で亡くなった人たちだったのか』って。でも……そんな訳ないよな。だって、幽霊って死んでから化けるものだろ？　全然、辻褄《つじつま》が合わないじゃないか」

なるほど三河島の事故は、彼らが奇妙な体験をした翌日に起こったのである。

事故の犠牲者たちが、化けて出られる道理はない。

「だから、幽霊だと思っちゃないけど……じゃあ、俺らは一体、何を見たんだろう？」

そう言って、山田さんは首を傾げた。

最終バス

高校生のとき、Aさんはバスで通学していた。

随分と山深いところにある学校で、通学に掛かる時間も長かったという。

放課後の部活で遅くなり、慌てて最終バスに駆け込むことも度々だった。

「田舎の最終バスって、時間が早いんですよ。運行する本数も少ないし。最後のバスに乗り遅れると、親に車で迎えに来てもらうしか帰宅手段が無くって」


夏休み前の、放課後。

部活を終えたAさんは、停留所で最終バスを待つことになった。

日が長くなり、ついつい部室に長居してしまったのである。

いつもは他の生徒が乗り合わせるのだが、その日はたまたま、ひとり。

青暗い山道に、時折涼風がそよと流れる、心地の良い黄昏時である。

暫《しばら》く待っていると、遠くに赤いランプが見え始めた。

フロントの行先表示器を赤く点灯させた、最終バスだった。

——が、妙なことに気がついた。

近づいてくる最終バスの真後ろに、もう一台、バスが走行しているのである。

どういうことか、後ろのバスの行先表示器も、赤かった。

しかも、表示器に書かれた行先が、二台ともまったく同じである。

「事故とか渋滞の影響で、同じ行先のバスが連続で走ることはあると思うんですよ。でも、最終バスが二台来るのって、変じゃないですか」

不思議に思いつつも、Aさんは先に停留所に到着したバスに乗り込もうとした。

その瞬間、「パパパーーーッ!」と、クラクションが鳴り響いた。

驚いて後方を見ると、バスの運転手が大きく〈こっちへ来い〉と手招きしている。

〈えっ、どうゆうこと?〉と、乗り掛けたバスのステップを見上げると——

シートベルトを外した運転手が、腕を伸ばしてAさんを掴もうとしていた。

「うわっ!」悲鳴を上げ、慌ててステップから飛び退いた。

そのまま後ろのバスに逃げると、運転手が「危なかった」と声を掛けてくれた。

たまに挨拶を交わすことのある、顔馴染みの運転手だった。

前に視線を戻すと、すでにバスは走り始めている。

「あのバス、一体何なんですかっ?」

Aさんが聞くと、言い難《にく》そうに運転手が顔を曇らせた。

「あれさぁ、うちの会社でも問題になっているんだよ。時々、最終バスがもう一台、巡回路を走っているって。でも、うちのじゃないし……どこのバスかもわからなくてね。ただ、得体の知れないバスに、お客さんを乗せる訳にはいかないから」

あの最終バスを見つけたときには、必ずクラクションを鳴らして、客の乗車を妨げているのだという。

やがて山道が分岐すると、前方のバスは左の道路に入っていった。

だが、バスの終着点がある市街地は右である。

Aさんは山林の暗闇に消えていくバスを、見送ることしかできなかったという。

「結局、あのバスが何だったのか、いまでもわからないんです。でも、思い出すと怖くなって……もし、あの最終バスに乗っていたら、どうなっていたんだろうって」

Aさんがその最終バスを見たのは、その時だけだったという。

隣の家

「お隣の家がね、すごく気持ち悪いのよ」

関東近県に住んでいる藤村さんから、最初に聞いた言葉である。

彼女は旦那さんとふたりで、一年ほど前にいまの住居に越してきたそうだ。

所謂《いわゆる》、新興住宅地と呼ばれる町外れの土地で、元々は人気《ひとけ》のない野山だったらしい。

そこに新築された数戸のうちの一戸を、購入したのだそうだ。

「うちはね、五棟売り出された内の、一番端の家を買ったの。だから家の片側にしか、お隣さんはいないのよ。もちろん、皆が同じ時期に引っ越してきたから、ご近所づきあいも悪くはないわ……ただね、つい一ヵ月くらい前かしら。こんなことがあって」

たまたま旦那さんが出張で、家に藤村さんしかいなかった日のこと。

夜十一時を過ぎ、そろそろ寝ようかと二階への階段を上がった。

その途中、ふと窓の外が気になった。

そこには、普段見慣れた隣家の外壁と、造りが同じ窓ガラスが見えるだけ。

だが、窓ガラスの一枚が、何となく青白い。

見ると、お隣さんの窓ガラスの向こうに、老人が立っていた。

〈確か、お隣にお年寄りはいなかったような……親戚でも来ているのかしら？〉

そのときは、さほど気にせずにそのまま寝室へ向かった。


それから、数日後。

藤村さんは、いつものように就寝前のスキンケアを済ませ、寝室に向かった。

すると〈ばんばん〉と、階段の窓が鳴った。

驚いて目を向け、思わず息を飲む。

老人が窓ガラスに貼り付いていた。

が――隣家とはいえ、家と家との間は、少なくとも三メートル以上離れている。

〈一体、どうやって？〉と目を凝らし、老人の胴体が異常に長いことに気がついた。

腰から上の胴体が、お隣の窓から伸びている。

〈ばんっ！〉と大きく窓を鳴らし、老人がニッと笑った。

藤村さんは、その場で気を失った。

「次の朝、目が覚めたらベッドにいたの。で、旦那に聞いたら『昨日の晩、階段で寝ていたから、引きずってきた』って。寝惚けたんじゃないかって、言われたわ……でも、私も昨晩の出来事が、本当にあったことなのかどうか、確信が持てなくて」

取り敢えず、旦那には黙っておくことにした。


そして、つい先日のこと。

藤村さんは日中、庭で植木に水を撒いていた。

さほど広い庭でもないが、夏の炎天下、乾いた庭を湿らせるのは気持ちが良い。

庭の隅まで、満遍なく水を撒き——なぜだか急に、背筋が〈ぞくっ〉とした。

瞬間、先日の老人のことを思い出し、お隣の窓を見上げる。

が、別段そこに人影はない。

〈気にし過ぎているのかしら〉と視線を下げ、ホースを落とした。

——仕切りの塀にある透かしブロックのすべてに、眼があった。

まるで何十という人間に、塀の向こうから覗かれているような有様である。

だが、もう一度見直すと、いない。

怖くなり、ホースを片づけるのも忘れて、家の中に逃げ込んだという。

「でね、さすがに隣の家が気持ちが悪くなってきたのよ。こう言うと、あそこに住んでいるご家族には悪いけど……お隣さん、よく平気でいられるなぁって」

――この話は、ここで終わる。

その後の体験談を、聞けていないからだ。

取材の翌週、藤村さんに電話をしてみたが、何度掛けても繋がらなかった。

メールも不通で、他に通信手段はない。

不審に思い、ご自宅を再訪したが、空き家になっていた。

以来、藤村さんとは連絡が取れない。

ホウおじさん

先日、居酒屋で「昔は、変なおじさんが多かった」という話題で盛り上がった。

「最近は見ないけど、少し前まで結構いた」と、皆が頷く。

すると、同席した佐藤さんが「それなら俺、こんなのを見たよ」と、自身の体験を語ってくれた。


佐藤さんが、まだ小学生だったときの話である。

通学路の途中に、線路を潜った地下通路（アンダーパス）があり、佐藤さんは毎日、そこを通って通学していたという。

歩行者専用の地下道で、L字に折れた階段を降ると、三、四人の大人が横一列で通れる幅の歩道が、二十メートルの長さに伸びている。

「一応、昼間でも電灯は点いているんだけど、何となく薄暗い地下通路でね。普段から、ちょっと気持ち悪い場所だと思っていたよ」

ある日の帰宅途中、いつものように地下通路に下りた。

と、通路の途中に人が立っていることに気づいた。

背広を着たサラリーマン風の男性だが、近づくにつれて警戒心が増していく。

男性はもっさりとしたパーマを当てており、佐藤さんはその髪型に、言い知れない粗暴な雰囲気を感じ取ったのである。

「俳優の松田優作と言ったら、言い過ぎかなぁ。長くてチリチリな髪の毛を、顔の両側に垂らしていてね……もっとも、怖くてチラッとしか見なかったけど」

佐藤さんは視線を伏せ、なるべく遠ざかろうと通路の端を歩いた。

そのまま、すれ違い〈よかった、何もなかった〉と、安心したのも束の間——

「ホウッ！　ホウッ！」と、妙に甲高《かんだか》い奇声が地下道内に響いた。

言葉の意味はわからないが、背後で男性が叫んでいるのだと思った。

奇声は地下通路に反響し、その音声に飲み込まれるような錯覚を覚える。

怖くなった佐藤さんは、一目散に地下通路から逃げ出した。

「でも、おじさんは別に追いかけては来なかったなぁ。ただ、俺に対して奇声をあげているようで……正直、びびったよ」

もしかして、自分に原因があるのかとも考えたが、思い当たる節はない。

〈あのおじさん、変な人なのかな〉

ただ、佐藤さんはその男性を怖いとは思うものの、両親には伝えなかったという。

当時はまだ、外で大人に怒られると、子供が悪いと思われる風潮があったのである。

翌日も、同じ場所にあの男性がいた。

やはり通路の真ん中で、何をするでもなく突っ立っている。

仕方なく、その横を通り抜けると「ホウッ！　ホウッ！」と奇声を上げられた。

そんなことが、数日に渡って続いた。

「ただね、そいつは『ホウッ！』って叫んでいるだけで、別に何かをしてくる訳じゃないんだ……でも、子供にとっちゃ、それだけで十分怖くてね」

いつしか佐藤さんは、男性に『ホウおじさん』と勝手な名前を付けた。

また、学校でホウおじさんのことを、友達に話して聞かせたという。

「変なおじさん」の話をするだけで、クラス中の注目が彼に集まったのである。

だが、やがてその話が校内中に広まると、登校を怖がる子供が現れ始めた。

そうなると、今度はＰＴＡが黙っていない。

担任から「地下通路は使わないように」と、厳重な注意があったという。

「多分、警察に通報が入ったんじゃないかな。その頃からホウおじさんのことを見なくなったよ。その代わり、地下通路に警官が時々見回りに来ていたな」

だが、ホウおじさんが捕まったという話も聞かなかった。

そのうち学校での噂も収まり、佐藤さんは男性のことを忘れてしまったという。


数年後、佐藤さんが高校生になった頃のこと。

ある日、用事があって件の地下通路を下りた。

すると――ホウおじさんがいた。

相変わらず、長髪のパーマに背広という、独特のいでたちを保っている。

どことなく刺々《とげとげ》しい、苛立った雰囲気を纏《まと》っているのも、以前と同じ。

だが、小学生のときとは違い、佐藤さんに恐れの感情はない。

「俺、中学に上がったくらいのときから、体がだいぶ大きくなってね。それに、柔道をやっていたから、正直、アイツに負ける気がしなかったんだよ」

もし、相手が手を出してくるなら、正面から組み伏せる自信があったのである。

佐藤さんは視線を逸らさず、泰然とホウおじさんの横を通り過ぎてやった。

その間、ホウおじさんが奇声を上げることはなかった。

「おやって、意外に思ってね。以前なら、すれ違った途端に『ホウッ!』ってやってきたくせに、相手が大きくなると黙っているんだって」

彼は拍子抜けしながら、突き当りの階段を右手に折れた。

が、階段を上がる最中「ホウッッ‼」と、耳元で怒鳴《どな》られた。

その瞬間、頭に血が昇った。

「カッとなって、『ふざけんな、この野郎！』って怒鳴り返したんだよ。でも、階段には誰もいなくってさ。逃げたのかと思って、急いで地下通路に引き返したんだ」

ホウおじさんは、さっきと同じ場所に立っていた。

が、ひと言文句を言ってやらなければ気が済まない。

そのまま近づいて――凝然と、棒立ちになった。

初めてまともに見たホウおじさんの後ろ姿が、異常だった。

薄汚れた襟首《えりくび》の上で、おじさんの頭がぱっくりと、ふたつに割れていた。

そして、観音開きになった後頭部の〈中身〉が、丸見えになっていたのである。

「俺はずっと、アフロの髪型が頭をデカく見せているって、そう思ってたんだけど……顔面の真横まで後頭部が開いていたんだって、気がついて……」

あまりのことに、佐藤さんはその場で身動きが取れなくなってしまった。

すると――「ホウッ！　ホウッ‼」とホウおじさんが叫び始めた。

「ホウッ！　ホウッッ‼　ッッホウッ‼　ソッッホウッ‼」

次第にホウおじさんの語気が荒く、激しくなっていく。

「ソッオウッ‼　クソッオォウ‼　クソッォウ‼　クソッオォッ‼」

ホウおじさんの言葉が、意味を帯び始めた。

「クソッォがッぁぁぁぁぁ‼」

――ホウおじさんが、いままで悪態を吐き続けていたのだと、初めて知った。

その日、どうやって地下通路から帰ってきたのか、佐藤さんはよく覚えていない。

気がつくと、自宅の軒先で「あんた、何やっているの。早く家に入りなさい」と、母親に怒られていたのである。

以来、あの地下通路には一度も近づいていない。

手招き

「……事故の多い場所ってあるじゃないですか。道路とか、踏切とか。僕が学生のときに住んでいたアパートの近くが、それだったんですよ」

友人に紹介して貰った小田さんは、そう言って話を切り出した。

聞くと、現在は都内にある企業で、工業デザイナーをやられている方《かた》なのだという。

「でね、僕が見たのは、家だったんですよ。普通の民家。でも、やたらと車が突っ込むんですよ。僕が知っているだけで、三回は事故ってましたかね」

大学の頃から車を運転していた彼は、その民家の前を通るたびに「また、塀が壊れているな」とか、「門柱、直ったんだ」などと、観察していたという。

その家は交差点の一角にあり、正面から右折してくる車が、曲がり切れずに突っ込むケースが多いようだった。

だが、似たような立地にある物件など、探せば幾らでもある。

なぜ、その家に事故が多いのか、小田さんは日頃から不思議に思っていたそうだ。

大学三年の、ある日のこと。

友達のUさんをドライブに誘い、帰りに件《くだん》の民家がある交差点の信号で停まった。

すると、何の脈絡もなくUさんが「この辺、事故多いだろ?」と聞いてきた。

「えっ、何でわかるんだよ?」と返すと、まっすぐ前方を指さした。

目を凝らすと——薄《う》っすらと、老人の姿が見えた。

ぼろ切れ同然の着物を纏《まと》った老人が、民家の前でゆっくりと手招きをしている。

まるでヘチマを枯らしたような面長の顔に、〈にちゃっ〉とした笑いを浮かべていた。

が、自分が何を見ているのか、咄嗟《とっさ》には理解できなかった。

体が半分透けているような人間を見るのは、初めてだったのである。

「僕、それまで幽霊なんか見たことなかったんですよ。なのに、何であんなものが見えるのかわからなくて。そしたら、Uの奴、『俺、霊感が強すぎるから、周りが影響受けちゃうみたいなんだよ』だって」

それでも、そのときは〈気持ち悪い〉と思うだけで、それっきりだった。

だが、次に交差点を通ったとき——なぜか、老人が見えた。

しかも老人は明らかに、小田さんを凝視しながら手招いているようだった。

少し、気が遠くなった。

「……僕はてっきり、Uと一緒じゃなければ、あんなものは見えないと思っていたんです。でも、違っていたみたいで」

車で近くを通るたび、老人は手招いてきたという。

なるべく老人を見ないよう心掛けるのだが、どういうことか必ず目が合ってしまう。

いい加減、気味が悪いが、自宅はその交差点の先にある。

困った小田さんは、携帯でUさんに相談してみることにした。

「そうか……それは悪いことをした。多分、あのジジイ、お前に目をつけたんだと思うよ……このままじゃ危ないからさ、ちょっとだけ時間をくれないか」

電話口で詫びながら、Uさんは対策を講じると約束してくれた。

その二日後。

小田さん宅にまで来てくれたUさんは、一枚の木片を差し出したという。

それは、どこかの神社のお守りだった。

「特別なお守りなのかと、期待したんですけど……裏に交通安全って書いてありました。さすがに『これ、効くの?』って疑いましたよ。でもアイツ『ここのは、絶対に効果がある』の一点張りで……言われるまま、ルームミラーに吊るしたんです」

どう見ても旅行のお土産《みやげ》としか思えないが、Uさんは自信満々な様子である。

〈まぁ、Uがこれだけ言うのなら〉と、小田さんはお守りを信じてみることにした。

その後、何度も交差点を右折したが、小田さんが事故を起こすことはなかった。

相変わらず、手招きする老人は見えているが、以前ほど怖いとも思えない。

手招きをされても、何かが起こりそうな気配を感じなかったのである。

「やっぱり、Uのくれたお守りが効いたんだって、思ってましたよ。あのジジイも、あまりこっちを向かなくなってましたし……諦めたんだろうって安心していました」

また、件の民家に車が突っ込むことも、無くなったようである。

〈あの爺さん、もう事故を起こす力が無いんじゃないか?〉

そう考え始めていた頃である。

ある日、大学のサークルでコンパがあり、遅くに電車で帰った。

最寄り駅で降りると、あの民家の前を通るのが近道だった。

多少ふらついた足で、交差点に差し掛かると——老人が見えた。

やはり道路に向かって、手招きを繰り返している。

そのとき小田さんは、無性に苛立ちを覚えたという。

にちゃにちゃと笑い、事故を誘発しようとする性根に腹が立ったのである。

小田さんは交差点を渡り、手招きする老人に近づいていった。

酔った勢いで、〈二、三発殴ってやろう〉と、本気で考えたのである。

その途端――『ガゴッ』と、自分の中で大きな音が鳴った。

途轍《とてつ》もない衝撃で弾き飛ばされ、次の瞬間、顔面が焼けるように熱くなった。

〈しまった、車に……〉と気がついたが、激痛で体が動かない。

アスファルトを舐める顔を、上に向けることすらできなくなっていた。

――やぁっとぉ、引っ掛かったぁぁぁ……

薄れゆく意識の中で、小田さんは誰かの陶然《とうぜん》とした嗤《わら》い声を聞いた。


「目が覚めたら、病院でした。鎖骨《さこつ》と左足にヒビが入っていましたよ。あと、擦り傷。医者に言わせると、その程度で済んだのは奇跡に近いって」

聞くと、小田さんは交差点を右折してきた車に、真後ろから跳ね飛ばされたらしい。

一歩間違えれば、脊椎《せきつい》を損傷しても不思議ではない事故だった。

それを考えれば、驚くほど軽傷で済んだと言わざるを得ない。

退院した数日後、彼が大怪我をしなかった理由がわかった。

休んでいると、母親から「アンタ、なんでこんなのを入れてんの？」と訊ねられた。

見ると、Uさんから貰ったお守りが、真っ二つに割れている。

小田さんが事故当時に着ていたシャツの、胸ポケットに入っていたらしい。

もちろん、車から外した覚えはない。

「ギリギリのところで、あの爺さんから助けて貰ったみたいなんです。そうでなければ、説明がつかないんですよね。車にぶつけられて、あの程度の怪我で済むのって」

それ以降、小田さんはあの交差点に近づいておらず、老人も見ていない。

だが、あの老人の〈にちゃっ〉とした微笑みは、いまでも忘れられないのだという。

牛丼屋のバイト

太田さんは学生の頃、牛丼屋でバイトをした経験がある。

大手の牛丼屋ではなく、都内に数軒の姉妹店を持つ、小規模なチェーン店だった。

「東京ローカルのチェーン店ですけど、それでも二十四時間営業だったんです。で、僕は割と真面目に授業を受けていましたから、夜勤しかできなくて」

勤務時間は夜十一時から、明け方の七時まで。

途中で一時間ほど休憩時間があり、仮眠を取ることもできるという。

「ただですね、最初、深夜は三人シフトだって聞いていたんです。なのに、僕が入ってからすぐに、先輩のひとりが辞めてしまって」

一番の古株だったが、皆に挨拶もせず、急に転職してしまったのだという。

それでも、深夜は客足が少ないこともあり、さほど仕事には影響しなかった。

太田さんがバイトを始めて、二週間が過ぎた頃。

少し疲れを感じていた太田さんは、その晩、初めて仮眠を取ることにした。

先輩に聞くと、二階にあるハンバーグ屋の店内で、横たわることができるという。

同じ会社が経営する鉄板焼きのハンバーグ屋だが、こちらは深夜、店を閉めている。

「行ってみたら、カウンター席に固定式の丸椅子が幾つか並べてあったんです。で、どうやら、その丸椅子の上で横になれるみたいで」

多少アクロバティックではあるが、実際に横になると、思ったより具合がいい。

さほど背の高い丸椅子ではないし、幅も広いのでゆったりと寝転がれる。

固定式なので、椅子ごと倒れる心配もなかった。

〈これなら大丈夫だ〉と、太田さんは安心して眠りに落ちた。

どれほど時間が経ったのか――〈ずずーっ〉と足を引かれ、目を覚ました。

背中には、椅子が擦れた感覚がある。

混乱しながら、暗い室内に目を凝らし――息が止まった。

足首を、知らない女が掴んでいた。

地の底を覗き込むように深く俯《うつむ》いた、髪の長い女だった。

「ひっ！」と、思わず悲鳴が喉から漏れる。

すると、〈ざらり〉と垂らした女の前髪が、徐々に持ち上がり始めて――

女の顔を見る前に、太田さんは気を失った。

次に目を覚ましたとき、太田さんはまだ丸椅子の上に寝ころんだままだったという。

見ると、自分の体が椅子三つ分、足側に引っ張られていた。

「でも、寝惚けて動いたんだって思うようにしたんです……だって、いい歳をして、お化けを見ましたなんて、恥ずかしくて言えないじゃないですか」

だが、一階に戻ると「お前、引っ張られたか？」と、先輩が聞いてきた。

先輩が言うには、二階の丸椅子で仮眠したバイトは、大半がやられるのだという。

「あれだろ、髪の長い女。でも、あの女のことは店長には言うなよ。クビになるから」

——お前が入って、すぐ辞めた古株のバイトがいただろ？　あれがそうだよ。

なんでも、あの古株の店員は二階で足を引っ張られるのが嫌で〈何とかならないか〉と店長に苦情を言ったらしい。

その途端、「お前はもう、来なくていい」と、解雇を通告されたのだという。

「でも、なぜ店長に幽霊のことを言うとクビにされてしまうのか、いまでもその理由はわからないんです」

件の牛丼屋は移転してしまい、残された建屋には、現在別の店舗が入っている。

シェアハウス

岡本さんは、都内で数軒のシェアハウスを経営している。

若者に人気があり、近年は順調に業績を伸ばしているのだという。

「でも、店子さんも色々な人がいるからね。トラブルだって起こるし……その度にケアしなくちゃならないから、結構気苦労が絶えないよ」

一昨年の初秋、Aさんという若い女性がシェアハウスの入居を希望した。

笑顔が明るく、人当たりのよい娘で、岡本さんは〈彼女なら、皆と上手くやるだろう〉と、ちょうど空きのあった女性専用のシェアハウスを紹介したのだという。

「Aさん、関東圏の地方都市で暮らしていたんだけど、事情があって都内に移ることにしたらしいんだ。それで、安く住める場所を探しているんだって」

彼女は場所と家賃だけを聞くと、さほど悩む様子もなく入居を決めてしまった。

そして、その翌週には早々に共同生活を始めたのだという。

それから、ひと月も経った頃。

Aさんを入居させたシェアハウスで、問題が発生した。

住んでいる八人の入居者のうち、六人が別の住宅に移りたいと訴えてきたのである。

「さすがに驚いたよ。ひとりかふたりが転居を希望することはよくあるんだけど、いきなり半数以上ってのは初めてだったからね。慌てて、事情を聴いたんだ」

──最近、なにか変なんです、この家。

一番古株の入居者が、言い難そうに言葉を紡いだ。

なんでも、ここ数週間、家の中で奇妙なことが起こるというのである。

まず、最初に気になりだしたのが、家鳴り。

陽が落ちると、壁や柱が〈ばきばき〉と、割れるような軋《きし》み音を上げるらしい。

次いで、食器が勝手に動くようになった。

テーブルに並べた皿や茶碗が、一瞬で隣や向かいの席に移動してしまうというのだ。

それも食事をしている真っ最中に、ほんの数秒、目を離した隙に起こるのである。

誰かが、悪戯《いたずら》している様子でもなかった。

「この間なんか、触ってもいないコップが、目の前でいきなり割れたんですよっ！」

古株の女性が、声を震わせながら訴えたという。

「どうやら、店子さんたちがだいぶ怯えているらしくてね。本当かどうかは別にして、一度様子を見に行ったほうが良いかと思って……そしたらさ」

彼がリビングに入るなり、部屋の照明すべてが〈ボンッ！〉と破裂したのだという。

「一瞬で、パニックになっちゃってね。幽霊だの、祟りだのって。僕も年甲斐もなく取り乱したよ」

それでも、その日は何とか入居者たちを宥《なだ》め、各自の部屋に戻って貰うことにした。

そして翌日、別のシェアハウスに移るよう、彼女たちに勧めたのだという。

このまま残りたいと言う者もいたが、大半は転居に応じてくれた。

「一旦、落ち着くまで、あの家を離れて貰ったほうがいいと思ってさ。ただ、気になったのはね、あの家、事故物件なんかじゃないんだよ。新築を買ったんだ」

だとしても、今回の騒動は大家としての沽券《こけん》に関わってくる。

岡本さんは〈お祓いでもしてみるか〉と真剣に考え始めたという。

その矢先のこと。

別のシェアハウスで、再び幽霊騒ぎが起こった。

今度の家では、廊下や階段を〈見えない何者か〉が頻繁に歩き回るのだという。

昼夜お構いなしに足音が鳴り響くので、入居者が家にいられないというのである。

〈なんで、うちの物件ばかり？〉と岡本さんは頭を抱え——あることに気がついた。

Aさんだった。

騒動が起こったふたつの物件とも、Aさんが入居していたのである。

「もちろん、店子を無暗《むやみ》に疑う訳にはいかないけどさ、どちらにも関わっていたのは彼女だけだったんだ。それに、最初の物件も彼女が出ていった後には、妙な現象がぱったりと止んでいたんだよ。それって、無関係には思えないだろ？」

岡本さんは、Aさんに時間を取って貰い、直接聞いてみることにした。

「やっぱ、バレましたぁ？　アレ、彼氏なんです……もう、死んじゃってますけど」

小ずるげに微笑みながら、さばさばとした口調でAさんが答える。

「でもぉ、私も困っているんですよ。死んだんだったら、おとなしくしていればいいのに。お陰で、新しい彼氏も作れないし。で、女性専用なら元カレも怒んないかと思ったんですけど……駄目だったみたい。でも、大家さん、私のこと、追い出したりしませんよねぇ？」

困惑する岡本さんに向き直り、Aさんがゆっくりと言葉を繋いだ。

——だって、元カレに憑かれているからって、立ち退きはさせられないでしょ？

見透かしたような瞳に見つめられ、岡本さんは返答に窮してしまった。

「結局さ、知り合いの不動産業者に頼んで、広い間取りの一DKを紹介して貰ったんだよ。引っ越し代と敷金もこっち持ちでね。まぁ、必要経費と割り切って」

Aさんは、特に不平を言うでもなく、転居してくれたという。

いまのところ、岡本さんのシェアハウスも以前の平穏さを取り戻している。

「でもさ……Aさん、いまでもひとり暮らしの部屋に、元カレとふたりで住んでいるんじゃないかって思うとね……気の毒にも感じるんだよ」

なぜ元カレが亡くなったのか、その理由は最後まで聞けなかったそうだ。

ストロボ

シカゴにある支店から派遣されてきた、マイクに聞いた話である。

数年前、彼の出身地であるニュージャージーの田舎町で、ある事件が起こった。町中にある四階建ての雑居ビルで、白人男性が飛び降り自殺をしたのである。

しかし、いくら話題の乏しい小さな町であるとはいえ、ただの飛び降り自殺が、いつまでも人々の口の端に上り続けることはない。

時が経てば忘れ去られるものだと、皆が思っていた。

が――飛び降り自殺が起こってから数か月後、町に妙な噂が流れるようになった。

なんでも、飛び降り自殺のあった現場に、幽霊が現れるというのである。

その幽霊は白人で、自殺した男性と同一人物だと思われた。

と言うのも、目撃者が、「あのビルから、何度も〈繰り返して〉飛び降りる男性を、見た」と証言するのである。

調べてみると、アメリカでも〈飛び降り自殺を、繰り返す幽霊〉というのは、割とオーソドックスな幽霊譚らしい。

地元のゴシップ誌を探せば、似たような話は幾らでも見つかるのだという。

ただ、この噂話には、他と決定的に違うところがひとつあった。

幽霊の自殺が、逆回しなのである。

つまり、こういうことだ――

最初、目撃者は道路に倒れている血塗れの男性を見つける。

驚いて歩み寄ると、突然、倒れていた男性がするすると空中を上り始め、ビルの屋上の縁にまで戻るのである。

やがて、そのまま後ろ歩きの姿勢で非常階段を下ると、道路まで降りてくる。

そしてビルを見上げると――一瞬で、道路に倒れている状態に戻るのである。

このビデオの逆回しのような光景が、何度もループして再現されるというのである。

もちろん、その場を通るすべての人に、見える訳ではない。

だが、「奇妙なものを見た」という噂話が巷間に広がり始め、しまいには町の議会でも取り上げられるようになった。

特に町議会の議員たちは、このことで町の評判が落ちることを強く危惧した。

とはいえ、すでに死んでいる幽霊相手に、何をすればいいのかわからない。

長い議論の末、他州に住む高名な霊媒師の女性に、助けを求めることが決まった。反対する意見もあったらしいが、他にこれという解決策が出てこなかったのである。町議会に招かれた霊媒師は、早速、幽霊が目撃される現場を訪れたという。

そして、真剣な眼差しで周囲を見回した後、じっと瞑目し、大きく息を吐いた。

「あなたたち、ここに自殺した人の霊が現れるって言ったわよね？　それは正解よ」

静かに、霊媒師が言葉を続ける。

「確かに、この人は何百、何千回と飛び降りを繰り返しているわね。憐れなことだけれども……でも、あなたたち、ひとつ間違っていることがあるわ。この人、別に逆回しになっている訳じゃないの……これ、自殺を繰り返すスピードが速すぎるのよ」

彼女が言うには、ここで自殺した霊は信じられないほど高速で〈飛び降りて、階段を上がる〉を、繰り返しているのだという。

そのため、多少霊感のある目撃者の目には、飛び降りの光景が〈ストロボ効果〉で見えているらしい。

テレビや映画などで、車の車輪が逆回しに見えたりする、あの現象である。

「で、その幽霊、天国に成仏させることはできるんですか？」

しびれを切らせた議員が、霊媒師に訊ねる。

だが、彼女は大きく首を振ると、残念そうにこう答えた。

「さっきも言ったけど、この人はもの凄いスピードで動いているのよ。別次元にいると言ってもいいくらい……動きが早すぎて、私の言葉なんか届かないわよ」

そう言うと彼女は、何もせずにその場から立ち去ってしまったという。

「だから、いまでも私の故郷では、逆回しの幽霊が見られるんだよ」

最後まで話し終えると、マイクはまるでデ・ニーロのように肩を窄《すぼ》めてみせた。

石臼

山崎さんはある地方の小さな町で、居酒屋を営んでいる。

田舎造りの古風な店構えながら、独自に創作したつまみ料理が評判の繁盛店である。

最近、特に山崎さんが力を入れているのは、地元農家から卸した大豆を使った、手作り豆腐なのだという。

「この辺りは水もきれいだし、良質な大豆も取れるから、美味しい豆腐ができるんだ。もっとも、うちの豆腐は、最近やっと形になってきたって段階でね。まだまだ、これからってところだよ」

そんな山崎さんが、つい先ごろ体験された話である。


ある日の昼過ぎ、いつものように軽トラで店に着いた山崎さんは、裏の勝手口に大きな円柱型の石が三つ、置かれていることに気がついた。

御影石のように表面が艶々と磨かれた綺麗な石だったが、なぜ勝手口に置かれているのか見当がつかない。

誰かの悪戯かとも考えたが、心当たりはなかった。

「でも、店のバイトが躓《つまず》きさえしなきゃ、別に邪魔でもないからさ。気にしないで、そのまま放っておいたんだ。そしたら、開店前に常連のAが店にやって来て」

「これ、忘れてたわ」と、木製の取手のようなものを差し出してきた。

聞くと、それは石臼を回すための〈にぎり〉なのだと言う。

「Aはさ、少し離れた山裾の方で畑をやっている常連客なんだけど、味にうるさい男でね。なんでも俺が本格的に豆腐を作りたいって言っているのを聞いて、わざわざ石臼《いしうす》を運んでくれたらしいんだ。俺も突然だったから、全然気づかなくて」

だが、常連客だとは言え、こんな高価なものを簡単に受け取る訳にはいかない。

山崎さんが固辞すると「どうせ、うちにあっても使えないからさ、大将に使って貰いたいんだよ」と勧めてくる。

山崎さんは断ることもできなくなり、今度の飲み代をタダにすることと引き換えに、石臼を使わせて貰うことにした。

——が、いざ石臼で大豆を挽いてみると、具合が良くない。

水でふやかした大豆が上手く潰れないのか、いくら回しても豆乳が出てこないのだ。

「で、おかしいと思って調べたらさ、その石臼、蕎麦《そば》を挽くための臼なんだよ。どうやら、臼の内側に掘ってある溝が、豆腐用と違っているらしくてね。でも、役に立たないからって、頂いたものを突っ返すってのも悪いし……仕方ないからさ」

仕事の邪魔にならないよう、石臼を厨房の奥に置くことにした。


それから暫くした頃。

山崎さんは、店の雰囲気に違和感を覚え始めていた。

客数の多い少ないに関わらず、何となく店の中が騒がしい。

ぶつぶつと、誰かが呟いているような声が、四六時中聞こえるのである。

バイトの娘も、同じようなことを訴えてきた。

たまに、厨房から「おぉい」と呼ばれることがあるのだという。

だが、気になって覗いても厨房の奥に人はいない。

「でも、うちは居酒屋だからさ、酔った客が騒ぐことだってあるしね。『お客さんの声が響いているだけだ』と説明して、済ませていたんだ」

また、こんなこともあった。

閉店時間になり、表の暖簾《のれん》を片していると――店の中に妙な気配を感じる。

バイトはすでに帰しており、客もいない。

変だなと思い、カウンターから厨房を覗き込むと、人影がある。

尾羽《おは》うち枯らしたような、酷く痩せた老人が厨房に佇んでいた。

慌てて「お客さんっ、勝手に入っちゃ困りますよ」と戻ると、姿が消えていた。

勝手口のドアから外を見回したが、何も見えない。

「ただね、泥棒って言うよりは、どこかの耄碌《もうろく》した爺さんが迷い込んできたって感じだったから、それほど気にはしなかったんだ。戸締りだけ、気をつければいいかって」

だが、その日を境に、妙なことが起こるようになった。

まず、店内の食料が傷むのが異常に早くなった。

突き出しに用意していたポテトサラダが黒く変色していたり、下拵《ごしら》えをした鶏肉が半日で腐ったりするのである。

前日に届けて貰ったばかりの鶏卵が、すべて割れていたこともあった。

それらは、いままでは起こったことのない出来事だった。

そんな中、バイトの娘が仕事中に怪我をした。

料理を運んでいる最中、何もない通路で転び、手首を捻ってしまったのである。

幸い大事には至らなかったが、数日休ませて欲しいと連絡があった。

「その娘ね、誰かに足首を掴まれたって言うんだよ……でね、『もしかしたら、このまま辞めるかもしれません』って、電話口で言われてさ」

さほど大きな店ではないが、山崎さんひとりで切り回すのは大変である。

新しいバイトの募集を掛けようかとも考えたが、地方の片田舎で遅くまで勤めてくれる働き手を探すのも、中々難しいことだった。

「色々なことが、次々と立て続けに起こってね。疲れも溜まっていたし、精神的にも少し追い詰められていたんだと思うよ」

そんな状態が続いた、ある晩のことである。

その日はいつになく客の入りが悪く、山崎さんは早めに店を切り上げることにした。

ひとりで掃除を済ませ、店の入り口の鍵を掛けようとした。

するとそのとき、「うふふふ」と店の奥から笑い声が聞えた。

まだ、店の明かりは落としていないが――客は居ないはずである。

不審に思って店内を見渡すと、厨房の奥に老人が立っていた。

以前、勝手に入り込んできた老人だった。

その瞬間、苛立ちが爆発した。

「おいっ、アンタッ！　なに勝手に入っているんだっ！」

と、怒鳴りながら厨房に駆け込んで――思わず、体が固まった。

老人は、Aさんが持ってきた石臼から生えていた。

いや、老人だけではない。

無数の腕や脚、人間の頭が、石臼の表面から伸びていた。

そいつらは、高々八十センチほどの幅しかない石臼から這い出ようとしている。

まるで風に煽《あお》られた雑木のように、ざわざわと手足が揺れていたという。

その異様な光景に、唖然としながら後ずさると——

誰かに〈ぎゅっ〉と足首を掴まれた。

見ると、泥に塗《まみ》れた若い女が、厨房の床から恨めしそうに見上げていた。

山崎さんは悲鳴を上げて、自分の店から逃げ出した。


「それでね、翌朝に檀家の住職に頼んで、一緒に店へ行って貰うことにしたんだ。いきなりの頼みで、住職には悪いと思ったけどさ。そしたらね」

——お前、なんてものを店に入れているんだっ！　これは墓石だぞっ！

そう言って、石臼を指さした。

聞くと、相当な数の仏さんが、石の中でひしめき合っているらしい。

だが以前、Aさんは新品の石臼をメーカーから購入したと言っていた。

さすがに墓石を加工して、料理の道具に作り直す業者がいるとは思えない。

「で、訳がわからないから、その場でAに電話して聞いたんだよ。あの石臼、墓石と何か関係があるかって。そしたらアイツ、なんて言ったと思う？　『ついこの間まで、あの石臼を墓場に置いていた』だって……」

なんでも、以前から料理に凝っていたAさんが、蕎麦を打ちたくて石臼を買ったものの、奥さんに黙って購入したのがバレて、散々怒られたのだという。

そのため、奥さんの目につくところには置けなくなり、最近まで石臼を裏山の墓場に隠していたらしい。

それを聞いた住職が「そりゃあ、無縁仏が集まるわなぁ」と、呆れた声を出した。

「で、結局石臼を住職の寺まで運んで、供養して貰うことにしたんだよ……いや、本当にさ、馬鹿と付き合うと後々が怖いって、身をもって知ったよ」

そう言って、山崎さんはかぶりを振った。

住職へのお布施は、Aさん共々、十分に包んだそうだ。

拍子木

とある地方銀行に勤めている、斉藤さんの話である。

彼は数年前の冬、上司から頼まれて町内の夜回りに加わった。

拍子木《ひょうし》を打ち鳴らしながら『火の用心〜』と近所を回る、アレである。

「毎年、町の町内会からうちの銀行に参加依頼が来るんだよ。で、その年は俺にお鉢が回ってきたんだけど……まぁ、地場の銀行員としちゃあ、断り辛くてね」

夜回りのメンバーは、全部で四人。

町内会の副会長と所轄の消防署職員、その他に地元青年団から一名が参加した。

週に一回、金曜の晩にだけ町内の決められたルートを、夜警して歩くのだという。

ただ、住宅街から外れると途端に町並みが疎《まば》らになる田舎のこと、夜回りで歩く距離は大変に長いものだった。

「何かさ、民家と民家が凄く離れているんだよね。それに消防署の職員がいる手前、歩いている間はずっと『火の用心〜』って、やらなくちゃいけなくて……でね」

ある晩、隣町との境にある、線路沿いの田舎道を歩いていたときのことだ。

ふいに近くで『コーンッ』という、甲高く拍子木を鳴らす音が聞えた。

音のする方向を見ると、線路の反対側で、四、五人の人影が列になって歩いている。

しかし、滅多に人も通らぬ田舎道に、外灯などない。

茫洋《ぼうよう》とした暗闇の中、辛うじて先頭の人影が拍子木を打っている様子が見て取れた。

「あれは、隣町の夜回りかな？　掛け声がないようだが……」と、副会長が呟く。

言われてみると、確かに掛け声は聞こえてこない。

先頭は拍子木を打っているが、残りは黙然とその背後に従っているだけである。

まったく覇気《はき》がなく、そのまま闇夜に溶け込んでしまいそうな印象を受けた。

暗い夜道を歩いているというのに、懐中電灯ひとつ、点けてもいない。

〈まぁ、寒い冬空に嫌々駆り出されてるんだろう。お互い難儀なことだ〉

斉藤さんは、さほど気にもせず夜警を続けたそうだ。

だが、夜回りを終えて町内会館へ戻ると、同行していた青年団員の様子が、どうもおかしい。顔色が真っ青で、まるで瘧《おこり》でも患ったかのようにぶるぶると震えている。

「そいつ、木村っていう地元の大学生なんだけど、線路を離れたあたりから急に喋らなくなったんだよ。それで気になったからさ、どうかしたのかって問い質したんだ」

――線路の向こうに、Tがいたんです……

歯の根も噛み合わないほど震えながら、木村君が呟いた。

それを聞いた途端、副会長が「そんなはずない」と怪訝《けげん》な表情をする。

「聞いたらさ、Tってのは前年に夜回りをやったときのメンバーらしくてね。なんでも、翌年の春先に自宅が焼けて、とっくに亡くなっているっていうんだよ。だけど、木村が言っていることって、まるで怪談噺《ばなし》みたいだろ。馬鹿々々しいと思ったから、『あんな真っ暗な中で、どうやって顔を判別できたんだ?』って聞いたんだ」

すると彼は、線路から離れる間際に、持っていた懐中電灯で反対側の夜回り組を、こっそり照らしたのだと答えた。

その列の最後尾に、呆《ほう》けたようなTの暗い顔を見たと言うのである。

だが、彼の話を胡散臭《うさんくさ》く感じたのだろう、誰もそれ以上に追及しようとせず、町内会館の休憩室に白けたような空気が流れた。

「でも、木村の奴があんまり怖がるものだから、俺はちょっと可哀想に思えてきてね。それに、彼だって地元の顧客だって考えれば、あまり無碍《むげ》にもできなくてさ」

結局、斉藤さんは怖がる木村君を宥めながら、家の近くまで送ってやったそうだ。

その翌週の晩、出発の時刻になっても木村君は顔を出さなかった。

「だいぶ時間を過ぎていますし、そろそろ出ましょうか。彼には後で連絡しときます」

副会長に促され、その晩は三人で夜回りを行うことになった。

晩秋の寒々しい町内を歩き、やがて線路沿いの田舎道に差し掛かった。

すると、〈コーンッ……コーンッ〉と、自分たちとは別の拍子木が聞えてきた。

目を向けると、線路の反対側に数人の人影が列をなしている。

前回と同じ夜回り組だろうか、やはり懐中電灯も点けずに暗闇を歩いていた。

瞬間、木村君のことが脳裏を過る。

〈そういやアイツ、嫌なことを言っていたな……〉

先を行く町内会の副会長と消防署職員は、線路側を見ようともしない。

その上、拍子木も止めてしまい、黙ったまま歩いている。

「ふたりとも、前回は木村の言うことを真に受けていない様子だったけど、本当は気にしていたんだろうね。少し、早足になっていたよ」

気味が悪くなり、斉藤さんもなるべく線路側を見ないようにして歩いた。

それでも、夜陰に鳴る拍子木の音だけは、彼の耳に嫌が応にも届いてしまう。

が、拍子木の響きをかき消すかのように、遠くから汽笛の音が聞え始めた。

見ると、線路の前方から貨物列車が近づいてくる。

それに伴って、徐々に周囲が明るくなり――線路向こうの人影の列を照らした。

その中に、木村君がいた。

〈あっ！〉と斉藤さんが声を上げた瞬間、貨物列車が視界を遮ってしまう。

やがて、長い貨物列車が通り過ぎると、もう一組の夜回りはいなくなっていた。

「でも、一瞬のことだったし、はっきり見えた訳じゃなかったから……」

他のふたりは、斉藤さんを残してだいぶ先に進んでしまっていた。

線路の向こうが気にはなったものの、仕方なく夜回りを続けることにした。


その翌日、木村君が亡くなったとの連絡があった。

ストーブの不完全燃焼が原因の、一酸化炭素中毒による事故死だったという。

それを聞いた斉藤さんは、すぐさま同じ部署の同僚に頼み込み、夜回りを代わって貰うことにした。

「夜回りとの関わりを、すべて断ち切りたくてね。だから、木村が亡くなったときのことも、あまり詳しく聞かなかったんだ。理由をつけて葬式にも出なかったよ……正直、次に向こうの組に入るのは俺なんじゃないかって思うと、怖くてね」

いまでも拍子木の音は苦手だよ、と斉藤さんは顔を顰《しか》めた。

円柱の家

原田さんは昨年、就職活動に失敗した。

都会暮らしを続けたくて、勤務先が都内にある企業しか希望しなかったのが失敗だったと、本人は言う。それはさておき、就職浪人の身で下宿先に留まる訳にもいかなくなり、一旦実家に戻って就職活動を行うことに決めた。

が、いざ実家に帰ってみると、母親と弟のふたりしかおらず、父親の姿が見えない。

不審に思って訊ねると、〈去年、離婚した〉のだと言う。

「初耳だったんですよ。なんでも、昨年末に大げんかして、親父を追い出したらしくて。まぁ、元々あまり仲の良くない夫婦でしたしね」

実家は母親の持ち家で、父親は追い立てられるようにして転居したらしい。

暫く実家の世話になるつもりの原田さんだったが、この状況では如何《いかん》ともし難い。

仕方なく、実家は諦めて父親を頼ることにした。

「追い出された親父の元に身を寄せるのも、どうかとは思ったんですが……なにしろ、僕も無職だし、最低限、衣食住は確保しなければいけませんから」

取り敢えず父親に電話してみると、どうやら別の街に引っ越しているらしい。

聞き出した住所を地図で探して、早速、父親の住居を訊ねてみた。

——なんとも、変わった家だった。

まるで茶筒のような円柱形の建屋が〈ドン、ドン、ドン〉と三本、地面に突き刺さっているだけの家なのだ。ひとつひとつの円柱は八坪ほどの敷地面積で、二階部分には建屋同士を繋ぐ渡り廊下が通してある。

〈一体、何を考えて作った、デザイナーズハウスだろう？〉

呆れながらも訪いを入れると「おっ、来たか。上がれ」と、父親が迎えてくれた。

「親父には離婚とか、色々聞かなきゃいけないことがあったんですが……まずは、いま住んでいる家のことが気になるじゃないですか。で、早速、問い質したんですけど」

なんでも、不動産屋が紹介した中古物件の中では、ここが一番安かったらしい。

言われてみれば、こんな妙ちくりんな家に住みたがる人がいるとは思えない。

「まぁ、住む分にゃ不便はないから。で、どうする、お前。住むか？」

もちろん、嫌だとは言えない。

就職先を探すにしても、履歴表に書き込む住所は必要なのである。

原田さんは渋々ながらも、父親と一緒に暮らすことにした。

「でも、住んでみて気がついたのですが、外観が丸いってことは、部屋の間取りも丸いってことなんですよ。それって、一見、広くは感じるんですけど」

簞笥や本棚などの家具類を、置くことができなかった。

壁が湾曲しているため、家具の背面に広いデッドスペースができてしまうのである。

そんな訳で、自然、寝床も部屋の中心に設えることになった。

「ベッドを用意して貰っていたんですけど、部屋の真ん中で寝るのは落ち着かなくて」

住み始めてみると、どうにも夢見が悪い。

それも毎晩、毎晩、同じ悪夢ばかりを見るのである。

夢の中でも原田さんは、自室のベッドに仰向けになっている。

するといつの間にか、ベッドの傍らに白いマスクをした知らない男が立つのである。

そして男は〈ぎょろぎょろ〉とした大きな目玉で、原田さんの顔をじっと覗き込んでくるのだという。

「それだけの夢なのですが……こう毎晩続くと、どうにも気味が悪くなって」

試しにリビングで寝てみると、夢は見なかった。

が、また自室で寝ると、マスクをつけた男が現れる。

〈何か、おかしい〉と疑い、父親に聞いてみた。

——あぁ、ここさ、前は病院だったんだよ。お前の部屋、手術室。

平然と、答えが返ってきたのだという。

「詳しく聞いたら、どうも潰れた地方の個人病院を、不動産屋がそのままリフォームしたらしいんですよ……でも、うちの親父も酷いですよね。手術台だった場所にベッドを置いて、そこに寝させるなんて」

さすがに部屋こそ変えて貰ったが、〈それでも宿無しよりはマシ〉だと、原田さんはその家に住み続けている。

以降、同じ夢は見ていない。

行先

現在、都内で出版社の役職に就く、福田さんから聞いた話だ。

昨年、福田さんは取引先の社長の告別式に参列した。

さほど大きな取引のある会社ではなかったが、付き合いは古く、〈是非、最後のお別れを〉と、福田さんが望んだのである。

「だけど、葬儀の案内状の通りに葬儀場に行ったら、凄い山奥にあるお寺でね。亡くなった社長の菩提寺らしいんだけど、一番近い駅からタクシーに乗っても、四、五十分は掛かったかな」

告別式の後、出棺を見送ると、数名の参列者が葬儀から離れた。

福田さんは、行きに乗ったタクシーに電話をして、三台寄こしてくれるように依頼したという。

だが、二十分ほど経って現れたのは、二台のタクシーだった。

聞けば、もう一台が到着するまでに、だいぶ時間が掛かるという。

詰めれば全員が乗れないこともないが、彼はもう一台が来るのを待つことにした。

「自分が呼んだ手前、タクシーに無駄足を踏ませるのも悪いし……それに、面識のない参列者と同乗するのも、気が引けてね」

福田さんは何もない山門で、スマホ片手に気長に待つことにした。

どれほど待ったか、ふと、塀沿いに一台のタクシーが停車していることに気づく。

車体が緑色の、あまり見慣れないタクシーだった。

しかも、車のボディが所々でぼこぼこと凹んでおり、見るからに酷い有様である。

〈……これ、呼んだタクシーだよな?〉

辺りを見回しても、他にそれらしき車はない。

不審に思いながらタクシーに近づくと、後部座席が開いた。

「すみません、これ○○交通さんのタクシーですよね?」と聞く。

だが、運転手は黙ったまま、返事もしなかった。

「どうしようか、少し迷ったんだよ。でも、他にタクシー待ちの客もいないし、乗るしかないかと思ってね」

後部座席で最寄り駅を告げると、運転手は黙ったままタクシーを発進させた。

酷く不愛想な態度だが、目的地に着けばよいと、割り切ることにした。

タクシーは寺のある山を下り、広い国道に出てから、再び細い山道に入っていく。

暫く景色を眺め続けて、〈おやっ〉と思った。

行きに乗ったタクシーでは、こんな山道を通った覚えが無い。

確か、片側二車線の国道を、ずっと走っていたはずである。

だが、いま通っている山道は、片側一車線のみだった。

〈まさかこの運転手、行先を間違えているんじゃ……〉

気になって、スマホで現在位置を検索してみると、最寄り駅がある方向に進んでいるようではある。

地図上には表示されないが、どうやら国道と並走する山道を走っているらしい。

「……運転手さん、この道路は近道なんですか?」

なにげなく聞いたが、またもや返事は帰ってこない。

居心地の悪さを感じながら、再び揺れる車体に身を預けた。

すると、スマホが鳴った。

画面を見ると、知らない番号が表示されている。

出ると、相手は○○交通の運転手を名乗った。

『お待たせして、申し訳ありません。ただいま、お寺に着いたところなんですが……お客さん、どちらにいらっしゃいますか?』

――この車、呼んだタクシーじゃなかったのか。


知った途端、気味が悪くなった。

運転手は黙ったまま、真っ直ぐ前方を見詰めている。

このまま、この車に乗っているのは不味いと、直感的に思った。

「なぜか、このままでは危ないような気がしたんだよ。多分、動物的な本能か何かで、そう感じたんだろうな」

すると、山林の切れ間、斜面を幾分下った山裾に道路が見えた。

昼間通った、国道のようだった。

「……運転手さん、ちょっと車を停めて貰っていいかな。小便がしたくなって」

思いつきで、降車するための嘘を吐いた。

とにかく、一旦車から離れようと決心したのである。

だが、運転手は車を停めようとはしなかった。

「運転手さん、ちょっとの間だから、頼むよ」

再び懇願して見せたが、運転手は黙ったままだ。

「てめえっ、停めろって言ってんだろっ！　ふざけてると、ぶっ殺すぞっ！」

キレた福田さんが、大声で怒鳴ると――タクシーが停まった。

慌てて車外に飛び出し、木立の影に飛び込んで後ろを振り返る。

すると、なぜか緑色のタクシーは、彼を待たずに走り去ってしまったのだという。


その後、福田さんは山の斜面を下って、国道まで降りてみた。

途中で二度転び、喪服を泥だらけにしたが、どうでもよくなっていた。

〈さて、どうするか〉と国道を眺めると、一台のタクシーがこちらに向かってくる。

見ると、「〇〇交通」と書かれていた。

乗り込んで話をすると、先ほど電話をくれたタクシーの運転手だった。

なんでも、寺から駅へと戻る途中だったらしい。

「お客さん、こんなところでどうされたんですか？」

運転手に聞かれて、福田さんはいままでの出来事を詳《つまび》らかに説明した。

すると、「命拾いをしましたね」と、運転手が言った。

聞くと、いま走行している道路が新道で、山の中腹にある道は旧道なのだという。

「随分前にあの旧道、崖崩れを起こしているんですわ。確か、入り口がまだ封鎖されているから、いまでも途中で道が無いままじゃないですかね……それと、お客さんが仰っていた緑色のタクシー、もうとっくに会社が潰れていますよ」

そう言ったきり、運転手は黙ってしまった。

「いまだに、自分が何に乗っていたのか理解できないんだよ。まさか、車の幽霊って訳でもないだろうけど……ただね、後でひとつだけ思い出したことがあるんだ」

緑色のタクシーが走り去る際、一切エンジン音を聞かなかったのである。

また、乗車中にも、走行音を聞いた覚えが無い。

でも、そんなことはあり得ないよな——と、福田さんは言った。

かまくら

本間さんは二十歳の年、こんな夢を見た。

深々と牡丹《ぼたん》雪の降り注ぐ雪原に、自分ひとりが立ち尽くしている。

空は暗く、仄《ほの》かな雪明りが薄銀色に足元を照らすだけ。

見れば、幾許《いくばく》か離れた雪面の上に、ぽつんと赤い明かりが灯っている。

それは、小体な造りの「かまくら」だった。

「おお、サトシか。そんなところに立っていないで、中にお入り」

覗くと、温和な表情をした祖父が、ちょこんと胡坐《あぐら》をかいている。

祖父の眼前には小さな卓袱台《ちゃぶだい》が置かれており、そこに灯った蝋燭《ろうそく》が、雪を固めた曲面の内壁を真っ赤に染めていた。

その横には、ふつふつと土鍋が煮えている。

「まあ、座ってな」と、祖父が座布団を差し出してくれた。

――それから本間さんは、長い間、祖父と語り合ったという。

が、その内容はまったく覚えていない。

何か大切なことを教えて貰った気がするが、他愛のない会話だったようにも思える。

やがて、祖父は満足げな表情で「さて、そろそろ行くか」と言った。

本間さんは「じゃあ、俺も出るよ」と、何げなく蝋燭を〈フッ〉と吹き消した。

その瞬間、辺りが深い闇に包まれ——慌てて飛び起きた。

時計を見ると、夜の二時。

〈しまった……不味いことをした〉と、強く後悔した。

が、その直後、電話が鳴る。

受話器を取った父親が「じいちゃん、いま亡くなったぞ」と教えてくれた。

「落語に『死神』ってあるだろ。あの噺《はなし》みたいに、俺がじいちゃんの命を吹き消しちゃったような気がして……あの夢を思い出すと、すごく嫌な気持ちになるんだよ」

そう言って、本間さんは苦笑いを浮かべた。

運命の人

塚田さんは過去に一度、「運命的な出会い」と呼べるものに立ち会ったことがある。

彼が大学生だったとき、仲間数人と学園のキャンパスを歩いていると――

「あっ、あなたっ!」と、いきなり声を掛けられた。

驚いて目を向けると、まったく見覚えのない女性である。

だが、隣にいた友達の森川くんが「おっ、おまえは! よくぞ、ここまで……」と、いつもとはまったく印象の違う、妙に透き通った音声で応じた。

そしてふたりは、互いに肩を抱き合いながら、〈はらはら〉と涙を流したのだという。

周囲の学生たちは、唖然としながら遠巻きに見詰めるだけだった。

〈このままじゃ、人だかりができるな〉と気遣った塚田さんは、ふたりを目立たない校舎裏まで連れて行った。

そして、お互いの連絡先を交換させ、その場はひとまず離れさせたのだという。

だが――ふたりは翌日から交際を始め、ひと月を待たずして結婚してしまった。

「でね、後で聞いたんだよ……お前ら、昔から面識があったのかって。そしたら、まったくの初対面だって言うんだよ。第一、互いの名前さえ知らなかったって。でもさ、森川は割と不細工なツラしているし、お世辞にも女にモテるタイプじゃないんだぜ。まさか、初めて出会った娘と両想いになるなんて、絶対あり得ないと思って」

塚田さんは、ことある毎に「なんで初対面なのに、いきなり抱き合ったのか」と問い詰めているのだが、いまだ納得できる答えは得られていない。

いつも、上手く話題を逸らされ、うやむやになってしまうのである。

「でも、ひとつだけ、引っ掛かっていることがあってね。ふたりが最初に出会ったときに、お互いに何かを囁き合っていたんだけど……それ、日本語じゃなかったような気がするんだよ。まぁ、昔のことだし、はっきりとは覚えていないけど」

スペイン語の発音に、似ていたように思えるのだという。

もちろん、確かめる手段はない。

森川夫妻が結婚してから二十年ほど経つが、ふたりは相変わらず仲睦まじい。

「森川の奥さん、ものすごく美人なのが、いまだに腹立つんだよな」と、塚田さんは最後に付け加えた。

イマジン

先日、行きつけの居酒屋で、Tさんという作曲家の男性と知り合いになった。
聞けば、いままでに大変な数の楽曲を、世に出されてきた方なのだという。
興味を持ち、作曲について色々と質問するうちに、こんな話を教えて頂いた。

いまから十年ほど前のこと。
Tさんは、とある地方の町民歌を作曲する仕事を引き受けた。
近年、地方での市町村の合併が進み、新しい町や村が新設されている。
それに伴い、こうした市町村歌の依頼も増えているのだという。
早速、依頼主の資料に目を通し、いつものようにイメージを膨らませた。
作曲する際、Tさんは曲の主題となる対象を、深く想像することにしている。
想像の世界に浸り切ることで、自然とメロディが浮んでくるのである。
だが——そのとき、信じられないことが起こった。
頭の中に、次から次へと大量のイメージが、止めどもなく溢れてきたのだという。

「初めてだったよ。勝手にイメージが湧いて、止まらなくなるなんてね。勿論、作曲自体が想像力の仕事ではあるけど……怖くなるくらい、イメージが鮮明で」

不思議なことに、イメージに浮かぶのは、資料で読んだ町の風景ではなかった。

まったく関係のない、どこかの農村の景色だったのである。

〈どういうことだ?〉と驚きながらも、Tさんはイメージを膨らませ続けた。

想像の世界に見えたのは、のんびりとした田園に、朗らかな農村。

青々とした野辺の向こうには、小さな学校や公園もある。

やがて想像の世界に、朴訥とした風情の無人駅が浮んできた。

駅舎には、○○駅と書かれていたという。

すると——突然、脳裏に老婆のイメージが浮かんだ。

見たことのない、皺《しわ》だらけの老婆だった。

だが、どうして見知らぬ老婆が、いきなり想像の世界に現れたのかがわからない。

「もちろん、全部、僕の想像の中での話だからさ。そういう意味じゃ、どんなイメージが浮かんできても、不思議ではないんだけど……」

ただ、その老婆は、それまでに空想していた世界とは相容れなかった。

まったく、脈絡が無かったのである。

気がつくと、膨らみ続けていた想像の世界も、いつのまにか萎んでいた。

再び戻ろうとしたが、もはや没頭することができなくなっていたという。

「あの婆さんのイメージが強すぎて、空想に浸れなくなってしまったんだよ。それに、婆さんのことも気になって……勿論、想像上の人物だから、誰だかわからないけど」

それでも、依頼されていた町民歌は、予定通りに完成することができた。

クライアントも、大変に喜んでくれたという。


仕事がひと段落し、Tさんは数日間、休暇を取ることにした。

ずっと気に掛かっていたことを、確かめたくなったのである。

「町民歌を作曲したとき、イメージに浮かんだ○○駅を調べたらさ……現実にあったんだよ、その駅。かなり遠い地方だったんだけど、やっぱり気になるからさ」

記憶を探っても、実際にその地方を訪れた覚えはない。

では、なぜ自分はその駅名を知っていたのか?

その理由を知るために、○○駅を訪れてみたくなったのである。

「まぁ、試しに行って何もなかったとしても、それはそれでいいかと思ってね。そういうのも、面白いじゃないかって……でも、いざ○○駅を降りてみたらさ」

驚いたことに、Tさんが想像した通りの風景が広がっていたのだという。

駅舎の外観も、閑散とした町並みも、以前にTさんが想像の世界に見た風景と、まったく同じだったのである。

〈まさか……こんなことがあり得るのか？〉

Tさんは不思議に思いながらも、〈この道は通った〉、〈この公園には覚えがある〉と、村内をぐるぐる散策して歩いたという。

どれほど歩いたのだろうか、ふと気がつくと、来た道がわからなくなっていた。

「恥ずかしい話だけど、いい歳をして迷子になってしまってね」

どの道を戻ればいいのか、まったく見当がつかない。

道を聞こうにも、見渡す限り人影は無い。

困惑しながら歩き続けると、道の先に一軒、民家が見えてきた。

これ幸いと、彼は民家に近づいて呼び鈴を探したという。

だが、表札の周辺には、呼び鈴のボタンが見当たらなかった。

「すみませーん、ちょっと道を聞きたいんですけど」と、声を掛けてみた。

しかし、家人が現れる気配はなく、試しに玄関を引くと鍵は掛かっていなかった。

玄関を少し開け、再び声を上げようとした——そのときだ。

廊下の奥から「ううっ」という、苦しげな唸《うな》り声が聞こえた。

「……大丈夫ですかっ!? どうかされましたかっ?」

心配になり、大声で問いかけると「ううっ!」と、再び唸り声が上がる。

慌てて玄関に上がり、家の中を探すと、奥の仏間にお年寄りが倒れていた。

「大丈夫ですかっ!」と、肩を起こすと――

イメージで見た、あの老婆だった。

老婆は苦悶の表情を浮かべ、必死に胸を押さえていたという。

一瞬、呆気に取られ、言葉を失った。

が、すぐに我に返り、「いま、救急車を呼びますからっ!」と、固定電話を借りた。


「……それからも大変だったよ。住所がわからないから、表札の名前だけで救急車に来て貰ってさ。で、救急隊員には『あなたは一体、どなたなんですか?』って聞かれるし……いやぁ、さすがに困ってね」

〈想像で見た村に来て、迷子になった〉とも言えず、名刺を渡して誤魔化した。

幸いなことに、お婆さんは病院で一命を取り留めたという。

後日、Tさんの事務所に、感謝の手紙と共に大量の野菜が届けられたそうだ。

「でもさ、僕はちょっと気持ち悪いんだよ。あの出来事が偶然だとは絶対に思えないし……かと言って、何であの婆さんのことをイメージしたのか、わからなくて」

現在も、Tさんは精力的に作曲活動を続けている。

だが、あれ以来、イメージが溢れて止まらなくなることはない。

ルーティン

都内で割烹料理店を営む、板谷さんから聞いた話である。

三十年ほど前、板谷さんの父親である先代が急逝した。
そのため、他店で修行中だった板谷さんが、急遽《きゅうきょ》跡を継ぐことになった。
板谷さんの料理店は常連客が多く、食通の間ではこれと知られた名店である。
だが、彼が板場を仕切り始めてから、次第に客足が減り始めたという。
常連たちが〈店の味が変わった〉と、離れてしまったのだ。
決して、後継者である板谷さんの腕が悪い訳ではない。
実際、彼の料理は、一見の客ならば誰もが満足する出来だった。
しかし、どうしても古くからの馴染み客を納得させることができない。
また、それ以上に、自分自身が納得できなかったのである。
だが、なぜ味が違ってしまうのかがわからない。
食材の質や鮮度、下拵えから味付けの塩加減まで、先代の調理方法を正確に踏襲《とうしゅう》していたからである。

「親父はね、自分の料理を、こと細かにノートに残しておいてくれてたんだよ。だからさ、大きく味が違うなんてことは、まずあり得なくてね」

彼は悩んだ末、先代である父親の、古くからの友人に助言を求めたという。

先代と一緒に板場に立ったことのある元料理人で、自分に欠けているものが何か、見抜いてくれるかもしれないと考えたのである。

が、いくら調理手順を見て貰っても、おかしなところは見つからない。

先代の友人でさえも、どの段階で料理の味がずれてしまうのか、見当がつかなかったのである。板谷さんは、心底疲れ果ててしまい〈もう、親父の味は諦めますよ〉と、弱音を吐いたという。

――そのときである。

「そう言えば、お前……庭にあるお稲荷さん、あれ、どうした？　親父みたいに、ちゃんと毎朝掃除しているんだろうな？」

唐突に、先代の友人が聞いてきたという。

だが、板谷さんは〈いいえ、そんなことしちゃいません〉と、首を横に振る。

「それだ、それだよ。お前さん、騙されたと思って、親父さんを見習ってみな」

詳しく聞くと、先代は毎朝、真っ先に庭を掃き、お稲荷様の御神酒《おみき》を取り替えて、丁寧に両手を合わせていたらしい。

若かった板谷さんは、敢《あ》えてそれを真似しようとは思わなかったのである。

「その翌日にだよ、親父の味が再現できたのは。本当に嬉しかったねぇ。でもさぁ、料理ってのは、本当に不思議なもんだよ。信心ひとつで、味がころっと変わっちまうんだから……で、あれだろ、最近じゃそういうの、ルーティンって言うんだろ?」

そう言うと、板谷さんは呵々《かか》と笑った。

淡雪

バブルの頃の話だ。

当時、関東近郊にある銀行の営業だった山口さんは、先輩とふたりで、夏の北海道に出張したことがあった。

道内に広い農場を持つ地主が、土地を担保に融資を望まれたのである。

土地と名がつけば、人里離れた湿地帯にも値段がついた時代。

大口の契約になるかもしれないと、山口さんは意気込んで出張に臨んだのだという。

「いまとは比べ物にならないくらい、景気が良かったからね。出張費も、宿泊代込みで一日一万とか出ていたんだ。信じられないだろ?」

もちろん、高いホテルに泊まれば足が出ることもあるが、大抵、探せば格安の宿は見つかるものである。実際、出張のたびに山口さんは、少しでも安い宿泊所を見つけて、余った出張費を小遣い銭にしていた。

「そのときの出張でも、情報誌を色々探してね。そうしたら、取引先の農場からちょっと離れた町に、かなり安い旅館を見つけたんだ。一泊食事付きで三千五百円。まぁ、先輩とふたり一部屋だし、食事も期待はできないけど、とにかく安かったから」

前泊も含めて二泊、二人分の予約を取ったという。


空港から電車を乗り継ぎ、目的の駅に着いたのは午後六時。

日の暮れ始めた片田舎で、情報誌を頼りに予約した旅館を探した。

「情報誌には駅の傍って書いてあったんだけど……思ったよりだいぶ歩いてね。暖簾を潜った頃には、すっかり陽が落ちていたよ。ただ、予想していたより、立派な店構えの旅館でね。とても三千五百円で泊まれる安宿には思えなかったよ」

訪《おとな》いを入れると、店の奥から主人が相好を崩しながら現れた。

顎髭《あごひげ》と頭髪がもみあげで繋がった、ペンションのオーナー風の男性だった。

「お待ちしておりました。さっ、こちらへどうぞ」

長い廊下を案内されながら、簡単に風呂と食事の説明を受けた。

客で混み合っているのか、館内の其処此処から「あははは!」と酔笑が響いてくる。

「平日なのに賑やかでね。『良い旅館を引き当てたなぁ』なんて思っていたんだけど」

主人に案内された部屋は、最低だった。

六畳ほどしかない狭い和室に、薄ぼんやりした裸電球がひとつ。

障子《しょうじ》は所々が破れ、畳に至っては、縁《へり》が炙《あぶ》ったスルメのように反り返っている。

熱帯夜と言うほどではないが、湿気が酷い。

「まあ、安いのはわかるけど……ちょっと、これは」

部屋の隅に置いてある浴衣を広げてみたが、黴臭いので元に戻した。

暫くすると、不愛想な様子の仲居さんが、言葉少なに食膳を運んでくれた。

見ると、一杯の茶碗飯の他には、小さな鉄鍋がひとつ。

鍋の上には、雲のように白くふわふわとしたものが盛られている。

どうやら、卵白を泡立てたメレンゲのようだが――中で、黒いものが蠢《うごめ》いていた。

〈えっ!？　……生き物？〉

驚いて、食膳と仲居さんを交互に見直すと「名物の淡雪鍋です」とだけ答えた。

そして、鉄鍋の固形燃料に火を入れると、さっさと部屋から出て行ってしまった。

「さすがに、これはどうかなぁって思ったんだけど……今更、他所に食事をしに行くのは面倒だし……それに、段々と鍋が煮えてくると、割といい匂いが漂ってきてね。先輩と顔を見合わせて、思い切って箸をつけてみたんだ」

――意外に思うほど、美味しかった。

酒漬けにした泥鰌《どじょう》だろうか、柔らかく煮えた白身の魚は滋味深く、箸を運ぶたびに口中に旨味が広がる。

熱で固まったメレンゲも、ほろほろと舌の上で溶ける食感が面白い。

何杯も、ご飯をおかわりをするほどの美味しい料理だったという。

「満腹になって、『じゃあ、明日に備えて風呂入るか』って話になったんだ。部屋は酷いけど料理は悪くなかったから、それなりに満足してね。そしたらさ……」

期待して入った露天風呂だったが、どうにも湯が温《ぬる》い。

水風呂かと思うほどに、湯が冷たく、生臭かった。

がっかりして、早々に風呂を出て、部屋で寝る支度に取り掛った。

だが、今度は蚊が気になって眠れない。

見ると、窓のアルミ枠が歪んでいて、窓が閉まり切っていなかった。

その手前の障子は、穴だらけで役に立たない。

「さすがに、フロントへ文句を言いに行ったんだよ。何とかして欲しくて。だけど、誰も出てこないんだ。それに、さっきまで騒がしかった館内も、なんだか静かで」

仕方なく、山口さんは布団カバーを外して、その中に入り込んで寝ることにした。

先輩は「暑いから、このまま寝る」と、湿った煎餅《せんべい》布団に大の字になっていた。

翌朝、山口さんは酷い気分で目を覚ました。

何故か体中がヌルヌルとして、ムズ痒い。

見ると、隣で先輩が顔中をぼりぼりと掻き毟《むし》っている。

「先輩は顔を手酷く刺されたみたいでね……で、僕の方も、背中がムズムズするからさ。シャツを捲って、先輩に見て貰ったら」

「……お前、背中が蛭《ひる》だらけだぞ」と言われた。

喉元まで上がりかけた悲鳴を押さえ、ライターで炙って蛭を取り除いた。

そして、手短に支度を整えると、フロントに向かった。

腹を立てるより、むしろ〈こんな宿、一刻も早く立ち去りたい〉と思っていた。

が、いくらフロントで声を張り上げても、従業員が出てこない。

他の宿泊客の姿も、まったく見掛けなかった。

それでも、さすがに料金を払わずに立ち去る訳にはいかず、自分たちの名前を書いたメモ紙に宿泊料を包んで、カウンターに置いてきた。

そのまま暖簾を潜り、数歩進んで――後ろを振り返った。

貸しボート小屋だった。

目の前には、朽ちて半分池に沈みかけたボート小屋が、ぽつんと一棟あるだけ。

ついさっき、出てきたばかりの旅館はどこにもない。

恐る恐る中を覗いてみると、ボロボロに塗装の禿げたカウンターの上に、先ほど置いた宿泊料が残されていたという。


その日、商談を終えたふたりは、もう一度、旅館に戻ることにした。

昨晩の出来事が現実に起こったものなのかどうか、確かめてみたくなったのである。

だが、再び駅に着くと、どうも様子が違う。

駅舎を出たすぐ隣に、昨晩と同じ名前の旅館が建っていたのである。

試しに訪いを入れると、「ご予約の山口様ですね」と仲居さんが迎えてくれた。

「……まったく、狐につままれたような気持ちだったよ。部屋と風呂もちゃんとしているし、気になるところは何もなかったんだけど」

ただひとつだけ——夕飯に供された料理の中に、メレンゲが盛られた鍋があった。

聞くと、その旅館オリジナルの料理で『淡雪鍋』というらしい。

「で、箸を付けたんだけどね。中に鮭の切り身が入っていたかなぁ。正直さ、前の晩に食べた鍋の方が、はるかに美味しかったんだ」

それが、一番の不思議だったよ、と山口さんは笑った。

蜃気楼

数十年前の話だ。

地方銀行員の森下は、有給休暇の全てを使って南極ツアーに参加した。

元々、銀行員の連続休暇は長く設定されているものだが、それでも他に前例を見ないほどの長期休暇ぶりだったらしい。

「ところがさ、ツアーの最後で帰りの便が欠航しちゃってね。南極の周辺にある、とある島で足止めを食らったんだよ。それも、一週間」

仕方なく、帰国がだいぶ遅れると自部署に電話すると、たまたま居合わせた支店長に「お前はもう、帰ってこなくていい」と言われた。

〈それならそれで、腹を括《くく》るしかないか〉と開き直った森下は、残りの日数で、南極ツアーを満喫することにした。

「だけどさ、夜はまだオーロラとか見えるからいいけど、昼間は退屈でね。やることもないから、仲良くなったツアー客と一緒に海水浴をしたんだよ。それもさ、ツアー記念で貰った、お揃いの黄色いTシャツを全員が着てね」

当然、海水は冷たかったが、凍えるほどではなかったという。

その翌日、水辺で遊ぶのにも飽きた森下は、海岸にビーチチェアを持ち出して、日光浴を楽しんだそうだ。

すると、なにやら他のツアー客たちが騒ぎ始めた。

皆、海の水平線を指さして、あれこれと言い合っている様子だった。

「見たらさ、水平線の上に蜃気楼《しんきろう》が出ていたんだよ。でも、蜃気楼なんて騒ぐほど珍しいものでもないだろ。何が面白いんだって思っていたらさ」

近くにいたツアーガイドが、〈覗いてみな〉と双眼鏡を渡してくれた。

言われたままレンズを覗き込むと、かなり鮮明に蜃気楼が見える。

蜃気楼はどこかの島の海岸線を映し込んでいるようで、波打ち際で遊ぶ数人の人影まで見ることができた。

——ちょっと待て。

よく見ると、蜃気楼に映る人影が、黄色いシャツを着ていることに気づいた。

そのうえ、なぜか見覚えのある外見の人ばかりだ。

信じ難いことに——自分とそっくりな人物までいる。

「あれって……昨日の、俺たちだよな？」

誰にともなく訊ねると、ツアーガイドが答えてくれた。

「いや、ホント珍しいね。僕も何度か、変わった蜃気楼は見たことあるけど……」

聞くと、この島では稀に奇妙な蜃気楼が見えるらしい。

例えば、地球の裏側ほどに離れた山脈や砂漠、大都会のビル群など。

だが、ツアーガイドに言わせると〈時間を遡《さかのぼ》って、自分たちの姿が見えるのは、今回が初めて〉なのだそうだ。

「キミもよく見ておいた方がいい。こんなのは滅多に見られないだろうから」

そう言うと、ガイドは水平線に視線を移した。


「まるで、ビデオ撮りした自分たちの映像を、空中に投影しているみたいだったよ。でもさ、あれって時間と空間が歪んでいるってことだよな？　いや、どういう原理なのかはよくわからないけどさ。でも、まだ世界のどこかには、ああいう不思議な現象が残っているんだって、そんな風に思いたくってね」

因《ちな》みに、帰国した森下はこっぴどく上司に叱られ、暫くの間、大口の仕事を任せて貰えなかったらしい。

聖者の行進

数年前の夜、所用があって亀山さんが明大前の通りを歩いていたときのことだ。
歩道の端に設置された、公衆電話が鳴っていた。
が、辺りを見回しても、電話に出ようとする人はいない。
一瞬、〈どうしたものか〉と迷ったが、取り敢えず受話器を上げてみた。
すると――受話器から「聖者の行進」が流れてくる。
軽快な、ジャズのスタンダード・ナンバーである。
だが聞こえてくるのは、それだけだった。
「もしもし、聞こえますか？」と、何度か問い掛けたが、相手の返事はなかった。
ずっと聞いているのも無駄だと思い、受話器を置くことにした。

それから、ひと月が過ぎた頃である。
ある夜、仕事が遅くなり、亀山さんは終電近くに自宅の最寄り駅に下りた。
他に乗客の姿はなく、また無人駅なので酷く静かである。

自宅に帰ろうと、駅舎を出て——電話ボックスが鳴っていることに気づいた。
〈こんな時間に……また?〉と、さすがに訝しく思った。
だが、いくら待っても電話は鳴り止まない。
見過ごすことも出来ず、受話器を取り上げると「聖者の行進」が聞えてきた。
〈そんな馬鹿な?〉と、唖然としていると——
「……ガチャンッ!」と、向こうから一方的に切られた。

それ以来、呼び鈴を鳴らす公衆電話に出くわしたことはない。

追跡

「料理の見た目が良かったから、インスタの写真を撮ろうとしたのよ。そしたら、スマホがないことに気がついたの」

智子さんは、横浜に住む四十代の主婦である。

最近、彼女は旦那さんの健康を気遣い、夫婦でスポーツジムに通っているそうだ。

その日もジムで汗を流した後、帰宅途中に立ち寄ったカフェで、自分のスマートフォンが見つからないことに気がついたのである。

慌てて旦那のスマホから掛けてみたが、誰も出ない。

着信音は鳴るのだが、幾ら粘っても通話状態にならなかった。

ジムにも連絡してみたが、「受付には、まだ届いておりません」と言われた。

「でも、更衣室に入る前に一度使ったから、ジムに忘れてきたとしか考えられなくて」

「お前、ちゃんとロッカーの鍵は閉めたのか?」と訊ねる旦那を黙殺し、何か良い方法はないかと考えた。

すると、スマホにはGPSを使った、探索機能があることを思い出した。

ただ、やり方はわからないので、自宅に戻って調べなくてはならない。

「私、細かいことはちんぷんかんぷんだから、スマホの基本設定なんかは全然弄《いじ》ってなかったのね。でも、それが却ってよかったみたいで」

パソコンで探したマニュアル通りに旦那のスマホを操作すると、地図アプリの画面上に、智子さんの端末位置を表示することができた。

――だが、それを見て驚いた。

スマホの位置を示すマークが、まったく知らない民家に表示されていたのである。

しかも、スポーツジムからは、数百メートルも離れた場所だった。

「まさか、本当に盗まれたのか？」と、旦那が訝《いぶか》しげな声を出した。

確かに、ＧＰＳの誤差ではあり得ない距離である。

しかし、この情報だけで警察に相談する訳にもいかない。

「もしかしたら、警察に届けるつもりかもしれない」と、一晩だけ待つことにした。

翌日の日曜日、昼過ぎになっても状況に変化はなかった。

見知らぬ民家を表示したままのＧＰＳを見詰め、〈このままじゃ、埒《らち》が明かないな〉と智子さんは見切りをつけた。

当然、旦那も同行してくれるという。

地図アプリの表示を追うと、さほど手間もかからず例の民家が見つかった。

これといった特徴のない二階建ての住宅で、表札には○○家と書かれている。

「だけど、勝手に他人のスマホを持ち帰る人の家でしょ？　さすがに、ちょっと気が引けて。そしたら旦那が『俺が行くから』って、玄関まで近づいたのね」

〈おとなしい人だけど、こんなときは頼りになる〉と、智子さんは感心した。

だが、チャイムを押そうとする寸前に、旦那のスマホが鳴った。

驚いて画面を確かめると、スポーツジムからの電話だった。

繋ぐと「お客様のスマートフォンが、受付けに届いております」と係員が言う。

「……どういうことかしら？」

ＧＰＳは確実に民家を示しているが、ジムで見つかったというのであれば、そちらが正しいとしか考えられない。

首を傾げつつ、ひとまずジムへ行ってみることにした。

が——なぜか、智子さんのスマホを示すＧＰＳマークが、ふたりの後をつけてきた。

振り返ってみるが、もちろん道路には何もない。

試しに立ち止まってみると、マークも止まる。

「意味がわからなくて。だって、私たちが○○って家に行ったことと、私のスマホの位置表示には関係がないでしょ？　なのに、GPSのマークがついてくるのって……」

まるで、見えない何者かに後をつけられているようで、気味が悪くなった。

やがて、スポーツジムが視界に入ると、マークはふたりを追い越してしまった。

そして、ジムのエントランスと、マークが重なって——

「あっ、お客様、見つかりましたよ！」と、ジムのスタッフが出迎えてくれた。

その手には、智子さんのスマホが握られていたという。

その瞬間、GPSのマークと彼女のスマホが、ぴったりと重なったのである。


「ああいうのって、一体何なのかしら？　偶然ってだけじゃ、説明がつかないように思えて。旦那は『もう少し遅かったら、知らない家に言い掛かりをつけるところだった』って言うんだけど……私は、ちょっと気味が悪いのよ。まるで、知らない誰かに、呼び込まれていたような気がして」

それ以来、○○という家には近づいておらず、真相も不明のままだという。

衣紋掛け

現在、都内のキャバクラで働く、アユミさんから聞いた話である。

「私が小三のとき、実家のお祖母《ばあ》ちゃんが亡くなったの。地方の古い農家だったんだけど。でね、お祖父《じい》ちゃんをひとりにするのは可哀想だからって、両親、妹と一緒に実家で住むことになったのね」

引っ越しをして、数日が過ぎた日のこと。

廊下を歩いていると、生前、祖母が寝起きしていた部屋の襖《ふすま》が少し開いている。

普段は閉めっぱなしの部屋で、アユミさんはまだ室内に入ったことがなかった。

気になって、襖の隙間から覗いてみた。

八畳ほどの畳敷きの和室の奥に、背の高い衝立式の衣桁《いこう》が一台。

着物を掛けておく木製の家具で、所謂《いわゆる》、衣紋掛けである。

が――一目見て、思わず息を飲んだ。

袖を通すための横棒の下に、人の顔が鈴なりにぶら下がっていた。

どの顔も無残に血に塗《まみ》れながら、狂ったように嗤っている。

だが、嗤《わら》い声はまったく聞こえなかった。

〈やだっ、気持ち悪い！〉

怖くなったアユミさんは、妹を呼んで衣紋掛けの前にまで連れていった。

すると妹も「お姉ちゃん、これ何なの？　何か気持ち悪い」と怖がったという。

「それで、『これが見えているの、私だけじゃないんだ』ってわかったの。だから今度は、両親を衣紋掛けの前に連れてったのね。そしたら」

——だからどうしたの？　なにも無いじゃない。

両親に、呆れた顔をされたという。


その後、両親は夫婦喧嘩が絶えなくなり、一年も経たずに離婚してしまった。

そして、なぜかふたりとも実家から消えてしまった。

「だから、私と妹はお祖父ちゃんに育てられたの。酷い話よね」

十年以上経つが、失踪した両親とは、いまだに会えていない。

炎々羅《えんえんら》

関西のとある家電量販店に勤める、岡田くんの話だ。

ある日、店の営業が終わったときのこと。

岡田くんは、自分が受け持っているフロアの点検を済ませ、エレベーターに向かって歩いていた。

すでに店内の照明は落とし、展示している家電商品の電源も切ってある。

薄暗い店内には、幾つかの非常灯がぼんやりと点いているだけだった。

ふと、歩いている通路の先が、異常に明るくなっていることに気がついた。

どうやらその光は、通路を折れたレジの辺りから差し込んでいるらしい。

〈あれは……なんだろう?〉

不安になり、小走りに近づいてみる。

——人が、燃えていた。

めらめらと炎を上げながら、両腕を高く掲げた人がレジの前で揺れていた。

その人が前後にふらつくたび、炎が大きく明滅を繰り返した。
「大変だっ！」と、大声で助けを呼ぼうとして――やめた。
目の前で燃えている人物から、焼け焦げた臭いがしないことに気づいたからだ。
音も臭いもなく、ソイツはまるで踊っているかのように揺動を続けている。
近づいても、炎の熱気すら感じなかった。
普通に考えて、あり得ないことである。
〈これは、違うよな……〉
そう判断した岡田くんは〈燃え続けるなにか〉を無視して、エレベーターに乗った。
ドアが閉まる瞬間まで、ソイツはゆらゆらと揺れていたという。

赤玉

井上さんは現在、とある地方の山里にある父方の実家に住んでいる。

以前は同じ県内の地方都市で暮らしていたというが、高齢の祖父が病気がちになったことから、実家に移り住む決断をしたのだという。

「勤め先には、車で通っているんです。元々、小さい頃に家族で住んでいた家だったので、それほど抵抗感は無くて。それに、祖父《じい》ちゃんを車で病院に連れて行くのには、祖母《ばあ》ちゃんだけじゃ大変ですから」

そんな井上さんが、数年前に体験した話である。


その年の晩夏、朝から雨が降り続いた日があった。

夜になると益々雨脚が強くなり、やがて暴風雨となった。

井上さんの実家は山間を流れる狭い川から、少し離れた高台にある。

ただ、その川は源流に近いこともあり、付近で氾濫を起こしたという話は聞いたことがなかった。

「とは言っても、やっぱり不安なんですよ。最近はゲリラ豪雨とか言って、結構危ないじゃないですか。ただですね、その日はたまたま祖父ちゃんが町の病院に検査入院していたので、そこだけは安心だったんですけど」

井上さんは外の様子に気を掛けながら、リビングで眠れない夜を過ごしていた。

風が低く唸るたび、微かに建屋がぎしぎしと軋む。

ニュース画像には「大雨警報」のテロップが流れ続けているが、どの程度信用できたものかと、横目で流し見するだけだった。

そんなとき——ふいに、外から高音の響きが聞えた。

風の鳴る音ではない。

〈避難のサイレンかっ⁉〉と慌てて外に飛び出し、近隣を確かめに行った。

だが、屋外の警報用スピーカーは稼働しておらず、人の姿もない。

そもそも、周囲に鳴り響く高い音は、警報のサイレン音とはまるで違っていた。

〈きゃぁぁぁ、きゃぁぁぁぁ〉と、まるで人の声のように聞こえた。

例えるなら、女性コーラスの歌声に近いか。

音の発信源を探そうと、河川敷に近づいてみた。

すでに長靴はぐずぐずと雨に浸り、傘も役に立たなくなっている。

だが、雨脚が強い割には川の水面が低く、増水している様子はない。

〈これなら、暫くは大丈夫かな〉と安心し、ふと、上流に目を向ける。

遠くの橋の上に、赤い照明が灯っているのが見えた。

警告用のライトだろうか、雨煙る暗闇の中、赤い照明が煌々《こうこう》と輝いていた。

消防隊が、河川の増水を調査しているのだと思った。

「でも、何となく違和感があったんですよ。ずっと聞こえている甲高い音も、川上のほうから聞こえているようで……照明も、警告灯にしては点滅をしていませんでした」

川に沿って下っているのか、赤い照明は徐々に近づいているようである。

が、その周辺に、他の照明が一切見当たらない。

〈てことは……車両じゃないのか〉と不思議に思い、凝視した。

——警告用のライトなどではなかった。

それは、暗闇に浮かぶ真っ赤な光球。

バスケットボールほどの大きさで、支えもなく川の上を移動していた。

〈きゃあああああ……〉と鳴る甲高い音は、その赤い光球から聞こえているらしい。

しかし、赤い玉が一体何なのか、まったくわからない。

正体を確かめようと河川敷に下りかけて、〈はっ〉と足を止めた。

そのまま踵《きびす》を返し、慌てて実家の生け垣に身を隠した。

「河原に下りようとしたときに、思い出したんです。子供の頃に一度だけ、あの気持ち悪い音を聞いたことがあるって。そのとき僕は、祖父ちゃんに『外で女の人が叫んでるから、助けに行かなくちゃ』って訴えたんですよ。そしたら……」

祖父は真剣な顔で「あの声が聞えたら、絶対外に出ちゃならん。もし見つかったら、皆が死ぬことになるぞ」と、井上さんを厳しく叱ったのだという。

だが、それ以上のことを、祖父は教えてくれようとはしなかった。

また井上さんも、そのことをすっかり忘れていたのである。

「でも、きっと祖父ちゃんは、あの『赤い玉』のことを言ってたんだと思ったんです。だから、見つかると不味いって……」

井上さんは息を潜めながら、生け垣の隙間から赤い玉の様子を窺った。

それは川面から三メートルほど上空に浮かんで、ゆっくりと川下へと移動していた。

赤く輝いてはいるが、無機質な、嫌に冷たい光に見えたという。

やがて、赤い玉が実家の正面に差し掛かって——井上さんは、息を飲んだ。

赤い玉の上流側が、河川敷から溢れ流れんばかりに、高く水嵩を増していた。

だが、川下側は普段通りの穏やかな川面を保ったままである。

〈川を堰《せ》き止めているんだ〉と気がついて、慄然とした。

まるで透明な壁が川の流れを遮っているような、異様な光景だったという。

目を離すことができず、井上さんはその場に留まり続けた。

やがて赤い玉は、遥か彼方の川下へと遠ざかり、甲高い音も聞こえなくなった。

それでも井上さんは、早朝に雨脚が弱まるまで、まんじりともせずに増水した川を監視し続けたという。


「……その日のニュースで、下流の川が決壊したって知ったんです。それほど広い範囲でもなかったんですが……川の様子を見に行ったお年寄りが、土砂に飲み込まれて亡くなったって」

——もしかしたら、あの「赤い玉」に見つかったのではないか？

井上さんは、そんな風に考えている。

水浴び

田崎さんは大学生の頃、小学校の夜警のバイトをしたことがある。

期間は一ヵ月。

夏休みの間だけの、期間限定のアルバイトだった。

「大学の夏季休暇って長いじゃないですか。八月一杯まで警備員やって、バイト代が出たら、海外でバックパッカーでもやろうかと思って」

仕事の内容は、至って簡単。

夜間に二回、敷地内を巡回するだけである。

その際、戸締りの確認と、敷地内の見回りさえ行えば、あとは警備室で休憩していても問題なかった。

片田舎の山間に建てられた小学校なので、夜間に訪問者もいなかったのである。

ただ、その年は小学校の改修工事があって、昼間には工事関係者も出入りしていた。

校庭とプールの修繕を行っており、「巡回のときには注意して欲しい」と、警備会社から通達を受けていたのだという。

「まぁ、ど田舎の小学校まで、わざわざ泥棒に来る奴もいないと思うんですけどね。それでも、工事関係の機材が置きっぱなしになっているので、見回りはきっちりやっていたんですよ」

勤務時間は、夜の八時から朝の五時まで。

日勤の警備員から引き継いで、翌朝、用務員に警備記録を渡すまでが一日の仕事だったのである。


お盆が過ぎ、連日の熱帯夜も少し和らいできた頃のこと。

その夜も、田崎さんは懐中電灯を片手に、学校の敷地内を巡回した。

校舎、校庭を順番に見て回り、最後に裏庭へと回った。

すると、敷地の外れにあるプールの方向が、明るいことに気づいた。

改修工事で吊るされた、ブルーシートの内側がぼんやりと光っている。

どうやら、工事関係者が使う照明設備が灯っているようだ。

〈消し忘れたのかな?〉と、プールに近づいて——足を止めた。

ブルーシートに映る電光に、影が過《よぎ》るのを見たからである。

「最初、村の悪ガキが忍び込んでいるんじゃないかって疑ったんです。工事の人たちから、改修中のプールに水が張ってあると聞いていましたから。なんでも、排水溝の水漏れを確かめるのに二、三日は溜めておくって」

だが、近づいてみると、様子が違う。

まるで近所の悪ガキとは、思えなかった。

ブルーシートに映るのは、長い髪と豊満な乳房、キュッと締まった腰の括れ。

明らかに、大人の女性のシルエットだったのである。

それも、ざっと数えるだけで四、五人。

相当にグラマラスな若い娘たちが、プールサイドでふざけ合っている様子が、ブルーシートに投影されていた。

〈もしかして……何かのイベントをやっているんじゃ？〉

田崎さんは好奇心に駆られ、フェンスにまで近づいてみる。

金網の隙間からブルーシートを抓《つま》み、〈生唾を飲みながら〉プールを覗こうとした。

――が、やめた。

そのときに、とても嫌なことに気づいたからだ。

ブルーシートの向こうから、まったく音がしなかったのである。

幾ら耳を澄ませても、プールを泳ぐ水音や、若い娘の騒ぎ声が聞こえてこなかった。

まるで無声映画のように、シルエットがブルーシート上に跳ね動くだけである。

が、そんなことはあり得ない。

そう気づいた途端、プールを覗くのが酷く怖くなったのだ。

田崎さんはそのまま後ずさり、その場を離れた。

ブルーシートには、たわわな胸を揺らしてはしゃぐ娘たちのシルエットが、目を離すまで、ずっと映り続けていたという。


「結局、その晩は仮眠もしないで、ずっと警備室で震えていました。本当は、学校から逃げたしたかったんですけど……明るくなるまで、我慢して」

翌朝、訪れた用務員に事情を話し、一緒にプールへ行って貰ったという。

だが、プールに近づくと、妙な臭いがする。

アンモニアのような、鼻腔を突く匂いだった。

「何か……様子がおかしいな」

用務員が鍵を外し、フェンスの扉を開けた。

プールの中に、数匹の豚がいた。

力なく水を掻いている豚もいたが、何匹かはすでに死んでいるようだった。

「……警察に、電話してこい」

用務員が、田崎さんに指示をした。

「聞いたら、山の奥にある養豚場の豚が逃げ出していたらしくて。改修中のフェンスを潜って、水浴びのつもりでプールに入ったはいいけど、出られなくなったんじゃないかって……塗りたてのセメントを踏まれたって、工事業者が怒ってましたよ」

豚の死体を回収するのも、大変だったらしい。

後で用務員から、「豚と間違えるなんて、よっぽど女に飢えてんだな」と笑われた。

だが、田崎さんにとって、笑いごとでは済まされないこととなった。

「それから俺、肉が食えなくなっちゃったんです。特に、豚とか牛は駄目で。思い出しちゃうんですよ……あのときに、はしゃいで見えた娘たちのシルエットを」

お陰で、すっかりベジタリアンになりました——と、田崎さんは言った。

電人

福島で復興事業に携わる、伊藤さんの体験である。


ある晩、事業案策定の会議で遅くなり、十一時過ぎに事務所を離れた。

事務所は伊藤さんの住まいに近く、彼は毎日自転車で通っている。

人通りのない夜の住宅街を、路地から路地へ、薄暗闇を辿るようにして進んだ。

すると、前方に小さな明かりが見えた。

どうやら路地の奥から、対向する自転車がこちらに向かって来ているようだ。

伊藤さんは自転車を左側に寄せつつも、相手の自転車に視線を送った。

禿げた髭面のおっさんが、無表情にママチャリを漕いでいる——だけなのだが、強烈な違和感を覚えた。

おっさんが漕ぐママチャリの前籠に、もうひとつ、おっさんの顔があった。

いや——籠ではなく、ハンドルの中心部に直接顔面が載っていた。

自転車を漕いでいるおっさんと同じ顔だが、憤怒に燃えた表情をしていたという。

「うおっ！　何だっ⁉」

思わず悲鳴を上げ、伊藤さんは自転車をギリギリまで左側に遠ざけた。

が、元々が生け垣に挟まれた路地のこと。

相手の自転車との距離を、大きく開けることができない。

すると、すれ違いざま〈にょっ〉と、顔だけのおっさんの側頭部から、白い腕が伸びてくるのが見えた。

その刹那、ずんと自転車のペダルが重くなる。

振り返ると、白い腕が伊藤さんの自転車の荷台を掴んでいた。

つまり、〈おっさんが漕いでいる自転車の、ハンドルから生えている顔だけのおっさんの、頭の横から伸びた腕〉に捕まったのである。

——訳がわからず、半狂乱になってペダルを漕ぎまくった。

すると後ろで、〈ガシャンッ！　ギギギギッ〉と金属の擦れる音がする。

見ると、おっさんの自転車が横倒しになっていた。

が、顔だけのおっさんの腕は荷台を掴んだままなので、自転車が〈ガリガリ〉と引き摺られているのである。

乗っていた〈本体〉のおっさんは、振り落とされてしまったらしい。

それでも、自転車を漕ぐ脚を緩める訳にはいかない。

顔だけのおっさんが、荷台を放してくれないのだ。

伊藤さんは、必死になってペダルを踏み続け——不意にバランスを崩して、自転車ごと転倒してしまった。

無様に地面を転がりつつも〈あの自転車、どうなった?〉と、背後を振り返った。

〈本体〉のおっさんが、倒れた自転車を引き上げ、跨《またが》ろうとしているところだった。

何げない、ごく自然な動作だったという。

そして、伊藤さんを一瞥すると「気をつけな」とだけ言い残して、去ってしまった。

——意味は、さっぱりわからなかった。

伊藤さんは、いまでも時々、夜の路地裏で自転車のおっさんを見ることがある。

やはりハンドルには、顔だけのおっさんが載っているそうだ。

ワンピース

居酒屋で同席した田上さんは、あまり物事に動じない性格の男性である。

そんな彼に怖い体験はないかと聞くと、赤ら顔を綻《ほころ》ばしながら「怖くはなかったが、ヤバいと思ったことならあるよ」と、こんな話を教えてくれた。


田上さんの会社では、年に一度、必ずお花見を開催している。

ある年のこと、都内の桜名所として有名なT公園を花見の場所に選んだ。

広大な敷地に小さな山林を有した公園で、その山の麓《ふもと》には立派な桜が数多く植えられており、お花見には実に具合が良かったのである。

終業後、職場の同僚たちと公園に到着した田上さんは、早速公園の一角を占拠すると盛大に酒盛りを始めた。

「最近は誘っても来ない若手が多いって聞くけど、うちは〈のんべえ〉が多いからさ。桜が咲こうが萎もうが、飲めりゃあ何処《どこ》だっていいんだよ、結局」

自身も一端《いっぱし》の大酒飲みを自負する田上さんは、若手には負けじと、次々に酒瓶を空けまくったという。

薫風《くんぷう》が心地よく、夜桜を透かす街路灯が仄かに色づいた、薄紅色の夜である。

——すると、ふと、田上さんの視界に妙なものが入った。

彼らが陣取った平地から、さらに一段高台となっている小山の斜面に、ぽっかりと横穴が開いていたのである。

侵入を防止するためか、横穴には太い鉄格子が填められていた。

「最初はさ、『あんなところに、防空壕なんてあったか？』くらいに思ったんだよ。大概、俺も酔っぱらっていたからね。でも、何度か見直しているうちに」

格子の内側に、人の姿があることに気がついた。

少し離れているのではっきりしないが、薄手のワンピースを着ているように見える。

男なのか女なのかは、わからない。

何かを掴もうとしているのか、そいつは目一杯に伸ばした腕を上下させていた。

気持ちの悪い奴だと思ったが、だからどうと言うほどでもない。

田上さんは〈酔っ払いがふざけている〉と、気にせずに飲み続けたという。

やがて、尿意を感じて近くのトイレに行き、ふらつく足で茣蓙《ござ》に戻った。

目を遣ると——防空壕にいる人影の腕が、異様に長く伸びていた。

数メートルはあるだろうか、近くにいる花見客なら掴めそうな長さになっている。が、どうでもよかった。

それよりも、たったいまコップに注ぎ直された日本酒を、如何《いか》にして美味しく飲み干せるのか、そっちの方が重要な問題だと思った。

田上さんは同僚と談笑しながらも杯を重ね、いつしか眠りこけてしまったという。

「で、暫く寝て、目を覚ましたんだ。そしたら、もう終電の時間でね。他の花見客は殆どいなくなっていたし、うちも大酒飲みの野郎どもしか残っていなくて」

彼は早速、〈飲み直そう〉とコップに手を伸ばして——嫌なことに気づいた。

細く真っ白な誰かの腕が、自分の足首を掴んでいた。

見ると、その腕は防空壕から真っ直ぐ、引き延ばされながら伸びている。

暫く考え、取り敢えず一杯飲んでおこうと決めた。

少し寝たせいか、喉が渇いていたのである。

公園は宴会の賑やかさを失ったが、しみじみと桜花を眺めるのも、また一興。

田上さんは、一杯、また一杯と、再び杯を重ねていく。

気がつくと、いつの間にか脚を掴む腕が、十数本に増えていた。

驚いて脚を動かそうとしたが、ずっしりと重い。

さすがに〈これ、ヤバいかな〉と考え始めた。

「そしたらさ、同僚が『寒くなってきたから、近くの○○駅まで行って飲み直そうぜ』って言い始めてね。これ幸いと、賛成したんだよ」

が、いざ立ち上がってみると、どうにもうまく脚を動かせない。

無理矢理に歩いてみたが、山の斜面を下るだけで息が上がってしまった。

十数本もの白い腕は、ずっと脚を掴んだままである。

まるで引き延ばされた素麺《そうめん》のように、山頂から長々と繋がっていた。

田上さんは堪《たま》り兼《か》ね、「タクシーを呼んでくれないか?」と同僚に頼むことにした。

駅まで歩いて二十分もかからない距離だが、十数本の腕を引きずって、歩き続けるのは無理だと思った。

「それにさ、タクシーに乗れば当然扉を閉めるだろ。上手くすれば、この忌々《いまいま》しい腕を千切《ちぎ》ることができるんじゃないかと思ってさ」

携帯で呼んだタクシーに乗って駅前の居酒屋に腰掛けると、駆けつけに一杯、冷えたビールを飲み干した。

腕は、まったく離れていなかった。

それどころか、心持ち本数が増えている気がする。

居酒屋の入り口を見ると、細く伸びた無数の腕が、引き戸の真ん中から伸びていた。

どうやら、ドアを透過しているようだった。

「で、いい加減、嫌になってさ。同僚らに『なあ、俺の脚、ヤバいことになっていないか?』って聞いたんだよ」

すると、同僚たちは「あぁ、お前の脚、ヤバいよな」と、足元を覗き込んだ。

暫し、テーブルに神妙な空気が流れ――

一同がどっと笑い出して、再び酒宴が始まったという。


それからのことを、田上さんは断片的にしか覚えていない。

どうやら早朝に帰宅して、だらしなく布団に倒れ込んだようである。

さすがに疲れて、そのまま眠りに落ちる直前――無数の腕に、身体中を掴まれていた記憶があるが、もはやどうでもいい。

次に目を覚ましたとき、一本だけを残して、他の腕がすべて消え失せていたからだ。

「結局、最後の一本は、五日くらい俺の足に纏わりついていたっけ。何度足を振っても取れないし、そりゃあもう、鬱陶《うっとう》しくてね。さすがに腹が立ったからさ、次の休日にもう一度、例の公園にまで行ってみたんだよ。また、防空壕にワンピースの野郎が出やがったら、怒鳴りつけてやろうと思ってね」

だが、公園内のどこにも防空壕などなく、鉄格子も見かけなかったという。

以来、田上さんはT公園を避け、もっぱらS御苑でお花見をすることにしている。休日限定で、また夜桜も楽しめなくなったが、正体を失くすまで飲み続けるのは変わっていない。

じょうおうのおしごと！

先日、顔馴染みの居酒屋で、桜井さんという五十絡みの男性を紹介頂いた。

聞くと、とある有名企業で役員職に就いている方なのだという。

非常に有能な人で、毎日、忙しく地方を飛び回っては、次々と大きな商談を纏《まと》めているそうだ。

また、仕事に対する志が高く、人望のある人物であることが見て取れる。

殊ほど左様に、非の打ちどころのないビジネスマンである桜井さんではあったが、もうひとつ、まったく別な面でも社内で名が知られていた。

大変な、ＳＭマニアなのである。

「いやさ、以前上司だった部長に、趣味をバラされてね。しょうがないから、開き直って、趣味を公言することにしたんだよ」

女子社員はドン引きしたというが、彼は性格が明るく、話術の巧みな人である。

ウイットに富んだ彼の話を聞いているうちに、「趣味は人それぞれだから」と、大抵の社員が納得したらしい。

「私はＭ専門なんだけど、結構ウケるんだよ。飲み会とかで『ＳＭあるある』とかやるとさ。結局みんな、興味があるってことなんだろう」

そんな桜井さんから、聞いた話である。


ある年のこと、桜井さんは福岡に長期の出張をすることになった。

一年の大半を出張に費やす彼は、日本各地に行きつけのＳＭクラブがあるらしい。

もちろん、福岡とて例外ではない。

市内に一店舗、とても贔屓《ひいき》にしているクラブがあるのだそうだ。

「その店に『ノン様』っていう源氏名の女王様がいてね。年齢はまだ三十代だったんだけど、プレイが的確でね。福岡に出張する際には必ず予約を入れていたんだよ」

出張の初日、仕事を終えた桜井さんは、早速、そのＳＭクラブを訪れたという。

そして、予約していた「ノン女王様」を指名したのだが、店長の顔が浮かない。

深々と頭を下げながら、こんなことを言った。

「桜井様、大変申し訳ございません。弊店の『ノン』でございますが、急に体調不良を訴えまして、本日はお休みを頂いております」

丁寧に謝罪した後、「他のスタッフでは如何《いかが》ですか？」と写真を差し出してきた。

見れば、写真の女性も中々に、虐められがいのありそうな容姿をしていた。

〈まぁ、たまには別の娘もいいか〉と、桜井さんはプレイをお願いすることにした。

「でも、イマイチだったんだよ。当然、基本のプレイはやるんだけど……いいところまで来ると、手加減しちゃうんだよ。女王様に成り切れていないんだね」

桜井さんは責められながらも、物足りなさを感じていたという。

そんな状態が暫く続き、〈今日は早めに終えるか〉と諦めかけたときである。

ふと気配を感じ、部屋の片隅に目を向けると――ノン女王様が立っていた。

エナメルのボンテージスーツに身を包み、無言で、冷ややかな視線を放っている。

まるで〈お前は裏切ったのか？〉と、問い詰めるような眼差しだった。

――それが、とても良かった。

背筋のぞくぞくするような、初体験の快感を覚えたのである。

「背徳感って言うのかな。別の女王様に責められながら、『ノン女王様』に罪の意識で責められている感覚でね。ただ、さ、彼女、体調が悪いと聞いていたから……」

もしかしたら、一旦指名を断ること自体が、演出の一部なのだろうか？

そんな風に、桜井さんは解釈したという。

やがてプレイが終わり、いつの間にかノン女王様は部屋からいなくなっていた。

非常に満足した桜井さんは、上機嫌で3P分の料金を支払い、退店したそうだ。

「で、そのプレイが凄く良かったんでね。翌週も、その次の週も、店に行ったんだよ」

他の女王様とのプレイのたびに、ノン女王様は部屋を訪れてくれた。

氷のような冷たい視線で桜井さんを見下して、いつの間にかいなくなっている。

言葉は無かったが、それが却って桜井さんの被虐心を煽《あお》った。

とても新鮮で、充実したプレイを、毎回堪能することができたのである。

そんな、ある日のこと。

プレイを終えて料金を支払うと、店長がにこにこしながら挨拶に現れた。

「有難うございます。桜井様にはいつも余分にチップを頂きまして、スタッフ一同、大変感謝しております」

そんなことを言いながら、何度も頭を下げたという。

が、どうにも府に落ちない。

桜井さんには、チップを支払っているという認識が無かったからである。

気になって、自分にはふたりの女王様がついてくれていることを話すと——

蒼ざめた表情で「桜井様……実はですね」と、店長が説明を始めた。

「ノンさんね、亡くなっていたんだよ……つい三日前だったらしいんだけどね。私が最初に訪店した日に倒れてから、ずっと入院していたそうなんだ」

残念に感じた桜井さんは、「私が葬儀に出る訳にはいかないから、代わりに香典を包んでやってくれないか」と、店長にその場で十万円ほどを手渡したという。

「仕事熱心な娘だったからね、入院している間も……亡くなってからでさえ、仕事のことが気になっていたんだと思うよ。ＳＭの女王様として、本当に見上げた娘だよ……もっとも、私は土下座か四つん這いだからさ、見上げたことしかなかったけど」

「――それが落ちなの？」と突っ込みたくなったが、やめておいた。

股壺

新崎さんの家には、変わった〈習わし〉がある。

三親等以内の親族が亡くなると、遺族はその遺体を必ず跨《また》がなくてはならないのだ。

それは老若男女問わず、一族の者に義務付けられた〈決まりごと〉なのだという。

「前にですね、急な仕事が入って、葬式に出られなかった親戚がいたんです。そしたらその人、火葬の当日にあっさり死んじゃって……それ以来、うちの家系の葬式って、出席率が百パーセントなんですよ」

以前に一度だけ、海外旅行中に亡くなった親戚の子がいた。

両親が現地に出向いたが、その国の衛生法に触れるため、遺体を出国させる許可が下りなかったらしい。

やむなく両親は、遺体を現地で焼き、骨にして帰国させたのだという。

「でも、葬式はやってないから……親戚一同が、その骨壺を跨いだんですよ」

葬式さえ行わなければ、遺体を跨がなくても障りはないらしい。

この〈習わし〉が、いつの時代に、どんな理由で出来たのか、知るものはいない。

後ろ姿美人

先日、居酒屋で偶然居合わせた飲み友達から、とある男性を紹介された。

江口さんというその中年男性は、聞くと長い年月、法曹界でキャリアを積んで来られた、とても優秀な弁護士なのだという。

興味を持ち、さりげなく〈奇妙な体験をされたことはないですか?〉と訊ねてみた。

「そうだなぁ。弁護士になってからは、ちょっと覚えがないねぇ……ただ、資格を取る直前に、一度だけこんな体験をしたよ」


いまから、三十年近く昔のこと。

幼い頃から弁護士を志していた江口さんは、大学二年で初めて司法試験に臨んだ。

が、結果は不合格。

元々、非常に難度の高い国家試験で、初回で合格することはかなり稀な試験なのだが、江口さんにとっては大変ショックだったらしい。

「自分なりに、手応えを感じていたからね。でも、いまの司法試験と違って、当時は受験回数に制限は無かったからさ。『来年こそは』と思って」

だが、〈昨年と同じ勉強をしても、同じ結果しか得られないのではないか〉という、強い危機感もあった。

特に昨年は、大学で自習したのが良くなかったと、反省していたのである。

「大学って、本当に駄目なんだ。同学年の友人に遊びに誘われたりして、色々と誘惑が多くて。と言って、自宅で勉強するのも、何となく落ち着かなくてさ」

そこで一考した江口さんは、町内にある図書館を使ってみることにした。

子供の頃、一度訪れたきりの施設だったが、思っていたより館内は広く、自習室も十分な席数が設えてある。

なによりも、平日は来館者が少なく、静かなのが良かった。

〈来年の試験まで、ここで頑張ろう〉と、江口さんは心を固めた。


図書館で自習するようになって、暫くした頃。

それまで司法試験に受かりたい一心で勉学に励んできた江口さんに、もうひとつ、図書館通いを続ける別の目的ができていた。

それは、勉強漬けの日々を送る彼の、ささやかな楽しみと言えるものだった。

「まぁ、大げさなことじゃないんだけど……たまにさ、図書室で凄い美人の女性を見掛けることがあったんだよ。いや、美人って言っても、顔を見た訳じゃないよ」

江口さんが息抜きに図書室の中をぶらつくと、時々本棚の前に立つ女性の後ろ姿を見掛けるのだという。

すらりと背が高く、当時流行《はや》りだった白いボディコンのブラウスに、程よく肉づいた腰元が嫋《たお》やかにくびれた、非常に美しい後ろ姿の女性だった。

初めてその女性を見掛けたときには、それこそ〈ドラマの撮影ではないのか〉と思うほど、江口さんは見惚《みと》れて立ち尽くしたものである。

ただ、その女性を見るのは決まって〈後ろ姿〉だけで、正面からの姿を見たことはない。もちろん、どんな容姿の女性なのか確かめてみたいとは思うのだが、よほどタイミングが悪いのか、その願いは叶えられなかった。

かと言って、後ろから近づいたり、横顔を覗き込んだりする気にもなれなかった。下手に近づいて、彼女に痴漢と勘違いされるのが怖かったのである。

「恋心が芽生えていたんだと思うよ。まぁ、顔も見たことのない相手だけどさ。ただ、受験生だったし……ナンパなんかする暇はないだろ。だから、その女性に『後ろ姿美人』って渾名《あだな》を勝手につけてさ、遠くから眺めるだけにしておいたんだよ」

ただ、〈運よく彼女の顔を拝めたら、試験も上手くいくだろう〉と、半ば願掛けのような気持ちを抱いていた。


やがて時が過ぎ、いよいよ司法試験の開催される時期が近くなった。

ほぼ一年間、勉学に打ち込んできた江口さんは〈次こそは合格してみせる〉と、強い自信と意気込みに満ちていたという。

その一方で、いまだに〈後ろ姿美人〉の正面を見ることはできていなかった。

「試験のほうは二度目だしね。よっぽどのことが無ければ、失敗はしないって思っていたんだけど……〈後ろ姿美人〉だけは、思い通りにいかなくてね」

問題は、司法試験に合格すれば、図書館に通う理由が無くなってしまうことだった。

そうすると、〈後ろ姿美人〉を見掛けることもなくなる。

叶うことなら、試験の前に顔を見ておきたいのだが、その機会は得られない。

そんな、ある日。

朝から自習室で復習していた江口さんは、ふと気配を感じて視線を上げた。

すると、ちょうど〈後ろ姿美人〉が自習室から出ていく姿が目に入った。

〈あっ……これならいけるかも!〉

どうやら、〈後ろ姿美人〉は自習室から廊下に出て行ったようだ。

ならば、廊下の途中で追い抜いてしまえば、彼女の容姿を確かめることができる。

こんなチャンスは、初めてのことだった。

「でも、焦って動いたら、他の来館者に怪しまれるって思ってさ。少し落ち着いて、一息入れてから席を立ったんだよ」

だが、廊下に出てみると〈後ろ姿美人〉がいない。

慌てて図書室の書庫を覗いたが、どこにも彼女の姿を見出すことはできなかった。

〈もしかして、図書館から出ていったのか？〉

僅かな時間差で姿を見失った江口さんは、諦めきれず図書館の受付を訪った。

そして、受付係の司書に「今さっき、若い女性が出ていかなかったか？」と聞いてみることにした。

連日の図書館通いで、受付の司書とは顔馴染になっていたのである。

「いや、そんな女性は見てないけど……」と司書が首を捻る。

「でも、確かに出てったはずなんだよ。こう、白いブラウス着た、背の高い女性で」

江口さんが食い下がると、顔馴染みの司書が辺りを見回して声を潜めた。

「お前さぁ……周りを見てみろよ、朝から図書館に来る客なんて、年寄りの爺さん、婆さんばかりだぜ。そんな若い娘、こんなとこに来る訳がないだろ?」

言われてみれば、その通りである。

夜の盛り場やディスコならともかく、こんな町中の図書館に、ボディコンを着た若い女性が朝から来館するとは考えにくい。

暫く立ち止まり、江口さんはひとつの推論に到達した。

〈ってことは、あの娘、若作りをした婆さんだったのかもしれない……〉

江口さんは〈夢は夢のままにした方がいい〉と考え、それ以上は深く追求するのをやめた。


数か月後、江口さんは見事、司法試験に合格した。

ただし、試験に合格したとは言え、そのまま弁護士になれる訳ではない。

大学を卒業した後、司法研修所と呼ばれる最高裁判所の付属機関に所属し、実家を離れて生活を始めた。所定の期間、司法修習を受講しなければ弁護資格は取れないのである。

その修習過程もそつなくこなした江口さんは、二十四歳で晴れて弁護士となった。

「で、その年に都内にある弁護事務所と雇用契約を結んだんだけど、実務に就くまでは少し時間が空いてね。その間、一旦実家に帰ったんだよ」

久しぶりの帰郷でゆっくり羽を伸ばしたものの、三日も経つと退屈してきた。休日なら近所の友人と旧交を温めることもできるが、平日はそうもいかない。居間でゴロゴロするのに飽きたある日、ふと図書館のことを思い出した。

「別に後ろ姿美人のことが気になった訳じゃないよ。そのときには、半ば忘れていたからさ。ただ、『試験の前に、毎日通ったなぁ』って、急に懐かしく感じて」

久しぶりに訪れた図書館は、以前と変わらず深閑として、来館者も疎らだった。暫く図書室を散策し、目についた文庫本を手に取ると、自習室へと向かった。

——自習室に〈後ろ姿美人〉がいた。

背中側を入り口に向け、綺麗な姿勢で座席に腰掛けていた。

その瞬間、〈やっと、彼女の顔を見ることができる〉と興奮した。思えば、司法試験に落ちた年から数えて四年、ずっと心の内に秘めてきた願望が、いままさに叶うと確信したのである。

「前にみたいに無理に追い駆けなくても、すぐそこに座っているんだからね。机の脇から向かいの席に回り込めば、それで彼女の顔をじっくり見られるんだって」

江口さんは緊張しつつも、ゆっくりと彼女の背後に近づいた。

多少の気恥ずかしさもあり、視線は下に向けている。

そのまま、彼女の横を通り過ぎようとして——ふいに机の上に目が止まった。
彼女は机に手を載せているだけで、本を持っていなかった。
だが、図書館の自習室で本も読まずに、ただ座っているだけなのはおかしい。
思わず視線を上げ、〈後ろ姿美人〉の顔を見詰めた。
——顔面に、ぽっこりと穴が開いていた。
目も鼻も口もなく、真っ黒いだけの大きな穴。
穴には底が無く、無限に闇が続いているように見えた。
それを理解した瞬間、〈こいつ、人間じゃない〉と恐ろしくなった。
慌てて踵《きびす》を返すと、そのまま家まで逃げ帰った。

「いま考えるとね、もし試験の前にあの顔を見ていたら、きっとショックで司法試験に落ちていたんじゃないかって思うんだよ……もしかしたらさ、自習も嫌になって、弁護士になることを諦めてしまったかもしれない」
江口さんはそう言うと、ひと口だけビールを啜って「女は怖いね」と呟いた。

廃ホテル

本田さんは以前、単身で廃ホテルの探検をしたことがある。

いまから二十数年前。

スマホ片手に「突撃」する若者で、心霊スポットがごった返す前の話である。


「当時、下宿先から地方の大学に通っていたんですけど、その通学路の途中に廃ホテルがあったんですよ。結構、大きな建物でした。自転車で近くを通るたびに、いつか探検してみたいなって、前々から思っていたんです」

大学三年の夏休み、バイトで貯めたこずかいで一眼レフを購入した。

それがきっかけという訳ではないが、何か珍しいものを撮ってみたくなり、廃ホテルに潜入する決心をしたのだという。

ただ、大学の仲間たちの多くは帰省しており、同行を頼める状況ではない。

〈まぁ、ちょっと中を覗くだけなら、ひとりでも大丈夫だろう〉

本田さんは買ったばかりのカメラを携えて、早速、廃ホテルへと向かった。

だが、いざホテルに着いくと、どうにも侵入口を見つけられない。

と言うのも、ホテルの前面が金属のフェンスに囲まれており、外部から人が立ち入るのを阻《はば》んでいたのである。

〈なら、裏手はどうだ〉と回ると、フェンスが土砂で半分埋まっていた。

ホテルの裏山、コンクリートで補強された斜面の一部が、破損して土砂崩れを起こしていたのである。

「そのホテル、山を削って建設されたとは聞いていたんですけど、かなり裏山と近い距離で建屋を作っていたんです。見上げたら、斜面の樹木が倒れてて、建屋の屋上に引っ掛かっていました。で、そこからなら、入れるんじゃないかと考えまして」

本田さんは自転車を近くに停め、ホテルの裏山を登ってみることにした。

少し離れた雑木林に、裏山へと繋がる隘路を見つけたのである。

多少、傾斜がきついが、登り続けるとホテルを見下ろせる場所に辿り着いた。

辺りは、すでに薄暗くなり始めている。

「で、最初に確かめてみたんです。倒木がどんな具合に引っ掛かっているのかって。そしたら、思ったよりしっかりと繋がっていたんで」

これならばと、注意しながら木の上を渡ってみた。

差し渡し二メートルほどだったか、割と簡単に屋上へと移ることができたという。

屋上には館内に下る塔屋があり、ドアは開いたままになっている。

〈ここから入れるな〉と階段を下りて、重要なことに気がついた。

「懐中電灯を持って来なかったんですよ。昼の三時に家を出たんで、思いつかなかったんです。でも、外もだいぶ薄暗くなっていて、館内に至っては完全に真っ暗で……」

一旦、帰ろうかとも考えたが、ここまで来て何もしないのも馬鹿々々しい。

かと言って、明りも持たずに、暗い廊下を進むことはできない。

どうしようかと迷っていると、買ったばかりの一眼レフのことを思い出した。

ストロボで写真を撮れば、一瞬だけ暗い館内を照らすことができる。

その瞬間に進路を確認すれば、安全に進めるのではないか。

壁にある館内の地図プレートを見ると、どうやら自分は別館にいるらしい。

「で、ひとまずホテルの別館から、本館のほうに移動してみようと思ったんです。フラッシュを焚きながら、館内を撮影していこうと思って」

長く放置された廃墟なだけあって、建屋内部の様子は凄まじかった。

廊下のいたるところで壁紙が破れ、天井板が落ちかけている場所もある。

客室のドアは殆どが閉まっているが、開いている部屋を覗いてみても、外の明かりが射しこんでいる様子はなかった。

〈バシャッ！〉とフラッシュが焚かれるたび、朽ちて、グロテスクに崩れかけた廃屋が、モノクロ写真のように暗闇に浮かび上がった。

カメラの充電を切らさないよう、二十歩進むごとにフラッシュを焚いた。

「そしたら、先に突き当りが見えました。で、そこを左右に一度ずつ曲がれば、本館に着くんです。充電も気になったし、今回はそこまで行ければ十分だと思って」

突き当りを左に折れ、次の曲がり角で〈この先が本館だ〉とフラッシュを焚いた。

――何かが、いた。

別館よりも更に荒廃した廊下に、何かが蹲《うずくま》っていた。

だが、はっきりと視認できた訳ではない。

カメラがチャージされるのを待ち、もう一度フラッシュを焚こうと思った。

無意識に、喉がぐぅと鳴る。

「すぐに逃げようかとも考えたんです。でも、確かめないと余計に怖くて……」

〈バシャッ！〉と、ストロボの閃光が暗闇を切り裂いた――その瞬間。

廊下の真ん中で、人影が〈ぐぐっ〉と立ち上がる姿を見た。

全身を包帯でぐるぐる巻きにした、背の高い女だった。

灌木《かんぼく》のように細い片腕が、こちらに向かって長く伸びていた。

――脳天が、恐怖で沸騰した。

「……そこから、どうやって逃げてきたのか、よく覚えていないんですよ。廊下を全速力で走ったんだと思うんですけどね。それで、気がついたら屋上に出ていて」

それでも、女が階段を上がってきそうに思えて、気が気ではなかった。

屋上から離れようと、急いで倒木に足を掛けた。

そのとき、初めて裏山を真正面から見上げた。

墓地だった。

崩れ残った山の斜面に残照が反射し、幾つもの墓石を浮かび上がらせている。

〈どうなってんだよ……ここ〉

本田さんは唖然としながらも、廃ホテルから逃げ出したのだという。

「で、帰ってから詳しく調べてみたんでけど、そのホテル、山寺があった土地を切り崩して造っていたみたいなんです。その後、色々なことがあって、ホテルが廃業したらしいんですけど……」

本田さんはそれ以上、その廃ホテルについて調べようとはしなかった。

現像に出していた写真が、返って来たからである。

写真の中には、本館で見た女が写ってた。

ピントが合わず、目も鼻も真っ白に塗り潰されていたが、なぜか大きく開いた口元だけは鮮明に撮れていた。

——開いた口の中に、異常な数の歯が生え揃っていたという。

「……あまりに気味が悪くて、ネガごと焼き捨てました。できる限り、関係を断ち切りたいと思ったので……もちろん、二度と近寄りもしなかったですよ」

廃ホテルは、本田さんが大学を卒業した数年後に、取り壊されてしまったという。

「いまでは、跡形も残っていないみたいです」と、本田さんは付け加えた。

Iターン

伊藤さんは、東京から沖縄のとある離島に、Iターンをした男性である。

元々、南国の島暮らしに憧れを抱いていたため、介護資格を取得するのと同時に、離島の老人ホームに再就職をしたのだという。

「割と儲かっている施設で、設備が整っていたのも、そこを選んだ理由なんです。入居しているお年寄りも、都会から移ってきたお金持ちが多くて」

給料がよく、また住宅も安かったので、以前より生活を安定させることができた。

ただ、ひとつだけ、予想していなかったことがあった。

スーパーで売っている野菜が、えらく高かったのである。

実際、初めて店頭の値札を見たときには、何かの冗談かと疑ったらしい。

「でも、よく考えたら、店の野菜は本島から定期船で運んできた品なんですよ。まぁ、運送コストを含めると、価格も高くなりますよね」

だが、そうかと言って、食費に大金を使ってもいられない。

調べると、島内には自分で野菜を栽培している住民が多いようだった。

〈なら、僕もやってみよう〉と、伊藤さんは家の近くに土地を借り、自家栽培にチャレンジすることにした。

「早速、地面に鍬《くわ》を入れてみたんですよ。もちろん、まったくの素人でしたけどね。でも、周りには畑が多かったですし、耕せば何とかなると思って」

すると、その初日〈カツン〉と、鍬の先に当たるものがあった。

岩でも埋まっているのかと掘ってみると、長方形の金属が出てくる。

持ち上げると、思ったより軽かった。

どうやら、錆びて表面が黒化したブリキ缶のようだが、開け口は見当たらない。

無理矢理にこじ開けてみようかとも考えたが、やめた。

日が傾き始め、これ以上、時間を無駄にしたくなかったのである。

「ブリキ缶を草むらに放って、畑仕事を続けたんです。で、次の日も、少しずつ畑を耕していって……結局、ひと月は掛かりましたかね、種を撒くまでに」

そして月日は流れて、収穫の時期。

伊藤さんの畑に、野菜はまったく育たなかったという。

だが、隣の畑を見ると、ごろごろと肥えた野菜が収穫されている。

最初から上手くいくとは思っていないが、他所との差が大きいことに落胆した。

すると、「あんた、引っ越して来た人だろ？　駄目だったか」と、声を掛けられた。

見ると、隣の畑の主人が、気の毒そうな表情を浮かべて立っていた。

「ええ……やっぱり見よう見まねじゃ、畑は上手くいかないですね」と伊藤さん。

すると隣の主人が、「あんた、来年も島にいるのかい？」と聞いてきた。

「はい、ここに根を張るつもりで来たんです」

「そうかい……じゃあ、ここの畑はなんとかしないとなぁ」

隣の主人は暫く考え込むと、ひとつ、提案をしてくれた。

「明日、知り合いを連れてくるからさ、その人にアドバイスを貰うといいよ」

急に人を紹介すると言われ戸惑ったが、親切で言ってくれているのはわかる。

伊藤さんは素直に「有難いことです」と礼を言い、その日の畑仕事を終えた。


が、翌日畑に出て、驚いた。

隣の主人が、白装束を着た、背の低い中年女性を連れてきたのである。

――「ユタ」だよ、この女《ひと》。俺も昔、世話になったんだ。

隣の主人が紹介すると、女性は早速、伊藤さんに話しかけてきたという。

が、沖縄の方言が強すぎて、さっぱり意味がわからない。

見かねた隣の主人が、間に入って通訳してくれた。

「彼女な、お前さんの畑から四角い箱が出てきたんじゃないかって言っているんだが……何か心当たりはあるかい？　あれば、それを渡してくれって」

そう言えば最初の頃、ブリキ缶を掘り返して、そこら辺に捨てた覚えがある。

なぜ、彼女がそれを知っているのかわからないが、言われるまま草むらを探した。

やがてブリキ缶が見つかると、ユタはそれを受け取り、代わりに紙きれをよこした。

その紙には、筆で描かれた畑の絵に、小さくバツが付けてあった。

聞くと、絵にある場所を掘り返せば、もうひとつブリキ缶が見つかるらしい。

「それを見つけたら、彼女の家まで持ってきてくれって。ただし、絶対に缶を開けたりするなって……まぁ、あと少しで万事解決だから、言われた通りに、な」

そう言うと、住所が書いてあるメモを残して、ふたりは立ち去ってしまった。

「意味はわからなかったんですけどね。乗り掛かった舟だと思って、地図通りに掘ってみたんですよ。すると、確かにもうひとつ、ブリキ缶が出てきました。それで、その缶を持って、メモの住所を訊ねてみたんです」

すると、先日のユタの女性が出迎えて、微笑みながら缶を受け取ってくれた。

辛うじて聞き取れた言葉から、『もう、大丈夫だ』と言っているのだと理解した。

次の収穫で、伊藤さんの畑は大豊作になった。

作付けした野菜のすべてが瑞々《みずみず》しく育ち、また味も美味しかった。

「前回が駄目だっただけに、本当に嬉しくて。ひとりじゃ食べきれないほど収穫でしたよ。で、あのユタさんにも、お礼をしようと思いまして」

自転車に積めるだけの野菜を抱えて、再びユタの女性の家を訪ねた。

そして、覚え始めた沖縄の言葉で、〈ぜひ、食べて欲しい〉と伝えた。

ユタの女性は、快く野菜を受け取ってくれたという。

そのついでに、伊藤さんは「あの箱は一体、何だったんですか?」と聞いてみた。

すると、途端にユタの顔が険しくなり――

「教えてやってもいいが、死ぬぞ。聞くだけでも、酷い障りがあると思え」

なぜか、まったく訛《なま》りのない標準語で脅されたのだという。

「さすがに怖いので、あれ以来、ブリキ缶のことは聞いていないんですよ」

それでも、収穫した野菜は、必ずユタのお宅にお裾分けしているそうだ。

コーンヘッド

鈴木さんは、小学四年のときに引っ越しをした。

中部地方にある小さな町だったが、近くに学校やスーパーがあり、生活に不便さは感じなかったそうだ。

暫くすると友達もでき、割と早くから新しい生活に馴染むことができたという。

「引っ越したのが三月末で、新学期と同時に転入したから友達を作りやすかったのね。動物好きなのもあって、一緒に飼育係になった子と最初に仲良くなったかな」

毎朝早くに登校して、兎《うさぎ》に餌をやるのが鈴木さんの日課だったそうだ。


春が過ぎ、梅雨に入り始めた頃のこと。

いつものように朝早く登校した鈴木さんは、ふと校門の脇に目を止めた。

赤い三角コーンが、幾つか乱雑に置かれていた。

工事現場や道路の通行止めに使う、円錐《えんすい》形の保安器具である。

が、校内に工事中の場所はなく、またバラバラに転がしてある意味もわからない。

それでも彼女は〈何かの行事に使うのかも〉と、さして気にはしなかった。

数日後、縦に二個ずつ重ねられた三角コーンが、校門の裏に散らばっていた。

その次は、校門に沿って数個が不規則に並べてあった。

だが、三角コーンが使われるような場所は、特に見当たらない。

学校の先生が片付けているのか、放課後にはひとつも残っていなかったという。

「でも、それだと益々意味がわからないでしょ？　昼間、片付けるのに、夜の間だけ三角コーンを並べるのって。で、ある日、同じ飼育係の友達に質問してみたのね」

すると、友達は「そっか、鈴木さん、転校してきたから知らないんだ」と言う。

聞くと、こんな噂話を教えてくれた。

数年前、この学校の生徒が交通事故で亡くなった。

なんでも、梅雨の時期に傘を忘れたその生徒は、帰宅の途中で『傘の代わりだ』と、工事現場に置かれていた三角コーンを、頭から被って歩いたらしい。

友達とふざけ合う中での出来事だったが、その子はダンプに轢かれた。

ふらついて道路に倒れた途端、三角コーンごと頭を車輪で踏まれたのである。

当時は大変な騒ぎとなったらしいが、ひと月も過ぎると学校にも平静さが戻り、事故のことは話題に上がらなくなった。

が、その翌年、妙な噂話と共に、あの生徒のことが思い出されるようになった。

梅雨の時期の早朝、校門にいつの間にか三角コーンが置かれているというのだ。

それも、学校とは関係のない、他所の工事現場の三角コーンが、である。

『三角コーンを被って死んだ、男の子の呪い』と、生徒たちは噂しあったという。

「でも、私はちょっと、その話を胡散臭く感じたのね。ありがちな学校の怪談だし。第一、現実に三角コーンが置かれている訳だから、『誰かが、どこかから持って来ているんでしょ』って、冷静に考えたの」

ただ、友達が頻《しき》りに「怖いよね？」と聞くので、その場は話を合わせておいた。


それから数日経った、ある日の晩。

鈴木さんはお母さんとふたりで、最寄り駅にお父さんを迎えに行った。

その日、夕暮れになって雨が降り出し、お父さんから「傘を持って来てくれないか」と、電話があったのである。

「子供ひとりの留守番が心配で、一緒について来なさいって言われたのね。九時くらいだったかなぁ。夜中に出歩くのが珍しくて、楽しかったのを覚えているわ」

最寄り駅までは、片道三十分ほど。

お母さんと手を繋ぎ、お喋りしながら雨の夜を歩いた。
と、急にお母さんの足が止まった。
〈あれっ〉と顔を見上げると、お母さんが訝しげに前方を見詰めている。
視線を辿ると——雨の降る暗闇の中、妙な形の人影が見えた。
頭が異様に尖って、赤かった。
「なに、あれ……」とお母さんが呟いて、すぐに言葉を噤《つぐ》んだ。
三角コーンを頭に被った、男性だった。
男性はふらふらと歩くと、急に立ち止まり、三角コーンを鉄門に投げ込んだという。
カコーンッと軽い音を響かせ、三角コーンが暗がりに転がっていく。
——学校の、校門だった。
〈えっ、ここ……学校だったんだ〉
お喋りに夢中で、彼女はいままで気づかなかったのである。
一方、先ほどの男性は、すたすたと校門から去ってしまった。
いままでとは打って変わって、しっかりとした足取りで歩いていたという。
鈴木さんが男性を目で追っていると、「ひっ」とお母さんが短い悲鳴を上げた。
見ると、暗闇の向こう、先ほど男性が歩いてきた方向に、幾つもの人影がある。

よたよたと歩むそれらの人影は、すべて、頭が尖がっているように見えた。

「あっちの……あっちの道から行きましょう！」

うわずった声で、お母さんが鈴木さんの手を引いた。

遠回りしている間も、時折「カコーンッ」という軽い音が、夜のしじまに響いた。

「本当のところ、あれが何だったのか、いまでも謎なのよ。まさか、男の子の呪いって噂話を信じる訳にもいかないし……でも、間違いなく、私たちは見たの」

その二年後に再び引っ越しがあり、鈴木さんは町から離れてしまった。

それっきり、戻ったことはないのだという。

窓外の姉

先日、新宿の居酒屋で、飲み友達の戸田さんから話を聞かせて貰った。

彼のお姉さんに纏《まつ》わる、幾つかの体験談である。


戸田さんのお姉さんは、若い頃、ヤンキーだった。

昔から両親と折り合いが悪く、何度も家出を繰り返した女《ひと》だったという。

最初の結婚をしたのは、二十歳を過ぎたあたり。

男の子を儲けたが、数年後に旦那と離婚し、親権を取られてしまった。

そのせいで自暴自棄となり、長い期間、酒に溺れた生活を送っていたらしい。

身体を壊し、倒れて病院に担ぎ込まれることもあったという。

その後、アルコール依存の治療で通った病院で知り合った男性と再婚し、ようやく生活に落ち着きを見せていた。


その頃のこと。

ある日の夕方、戸田さんは母親とお姉さんの三人で、帰宅途中に線路沿いの小道を歩いていた。

普段から通勤に使っている小道で、片側に住宅が並ぶ生活道路である。

戸田さんは買い物袋を運びながら、ふたりの後に従って歩いていた。

と、突然背後から「その先は、鬼がいるよっ！」と怒鳴られた。

驚いて振り向くと、知らない老婆が睨んでいる。

「うるせぇぞ、糞婆ぁ！　迷惑かけんなっ」と、お姉さんが怒鳴り返した。

元はヤンキーなだけあって、実にきっぷの良い啖呵《たんか》である。

すると老婆は——消えた。

外灯の下で、動きもせずに掻き消えてしまったのだという。

「あの老婆が何だったのかは、いまでもよくわからないんです。ただ、あのとき言われたことが、その後の出来事に繋がっているような気がして、よく思い出すんです」


それから二ヵ月ほど経った頃、病院から電話があった。

聞くと、お姉さんが勤め先のスナックの階段から転げ落ち、病院に運ばれたらしい。

大怪我ではないが、数日は入院が必要なのだという。

「でも、以前から度々病院に運ばれる人だったから、僕はそれほど気にしなかったんです。ただ、そのときは母がどうしても見舞いに行きたいと言いまして」

戸田さんは自分の車に母を乗せ、病院へ見舞いに行った。

お姉さんのいる病室は、ベッドが六つ置かれた大部屋だったという。

「なによぉ。見舞いに来るほどじゃないって、言ってあったでしょう」

お姉さんはいつものように、少し拗ねた風な口ぶりで迎えてくれた。

少し前に、旦那さんは家に戻ったという。

暫く雑談をし、面会終了の時刻が近づいたので、病室を出ることにした。

その際、母親が「看護師さんに、挨拶をしておきたい」と言い出した。

ナースステーションは病室のすぐ近く、エレベーターホールの正面にある。

受付を覗くと、中で看護師が老人と話をしているようだった。

「話が終わったら、挨拶しよう」と、母親と部屋の前で待つことにした。

が、中々ふたりの会話が終わらない。

「あの部屋は嫌なんだよ。何とかしとくれ」

「ですから、気のせいですって。ここ、三階ですよ」

「だから、気持ち悪いんだよ。夜になると、女が窓の外に立っていて。それも、夜の間、ずっとだよ……気になって眠れんからさ、何とかならんものか？」

どうやら老人が、看護師に何かを頼み込んでいる様子である。

話の内容には興味があったが、これ以上、病院に長居するのは気が引けた。

「長くなりそうだから、そろそろ帰ろうか？」と促すと、母親が頷いた。

エレベーターホールでボタンを押し、少し待つ。

すると先ほどの老人が、ナースステーションから出てくるのに気がついた。

そのまま廊下を奥へと進み、やがて病室に入っていく。

〈あれっ、あの病室、姉ちゃんがいる部屋じゃ……〉

少し気になったが、エレベーターが着いたので、階下へ降りることにした。

――その三日後、お姉さんは亡くなった。

外傷とは別に、元々お姉さんは内臓を弱めており、それが原因で突発的な臓器不全を起こしたのだと、医師から説明を受けた。

「さすがに『入院中に何で』とは思ったけど、昔から酒で入退院を繰り返してきた人だったから……でも僕は、あの見舞いの日に聞いた爺さんの話が気になっていて」

窓の外にいる女とは、お姉さんのことではなかったのか。

そんな風に、戸田さんは考えている。

お姉さんの葬式が終わり、一週間ほど経った頃のこと。

その夜、戸田さんは実家のお姉さんの部屋で、遺品の整理をしていたという。

殆どの持ち物は、旦那さんの家に置かれていたので、大した量ではない。

そろそろ終わりにしようかと、手を休めた矢先。

〈からから〉と玄関が開く音がして――『ただいまぁ』と、お姉さんの声が聞えた。

戸田さんは〈あっ、姉ちゃんが帰ってきた〉と部屋を飛び出し、階段を下った。

「でも……頭の中じゃ、『そんな訳はない』って気がついているんですよ」

急いで玄関まで下りたが、やはり誰もいない。

空耳だろうと、溜息を吐くと――『おかえり』と声がした。

振り向くと、廊下に母親が立っていた。

その瞳から、大粒の涙がぼろぼろと溢れていたという。

「でも、なぜ母さんが『おかえり』って言ったのか……理由は聞きませんでした。何となく、聞いちゃいけないような気がして」

そう言って、戸田さんはお姉さんの話を終えた。

窓外の男

関東近県に住む、大橋さんに体験談を聞かせて頂いた。

昨年の春先のこと。
ある夜、彼女は寝苦しさを感じて目を覚ました。
時計を見ると、朝の四時。
まだ、日も出ておらず、室内は静謐な暗闇に包まれている。
〈私、なんで目が覚めたのかしら？〉と、不思議に思う。
大橋さんは還暦を過ぎた頃から眠れなくなり、処方された睡眠薬を服用している。
そのため、途中で目を覚ますことは滅多にない。
ぼんやりと室内を見回し、ふと、足元側にある出窓に目が止まった。
なぜか窓ガラスが開いており、そこに人の影がある。
青黒い暁闇《ぎょうあん》を背に、ひとりの男が立っていた。
白い衣服を纏った、痩せぎすの男だが、なぜ窓の外に立っているのかわからない。

大橋さんの寝室は二階で、窓を開け放しておいた覚えもない。

『――お迎えに参りました』と、男性が呟いた。

「えっ、どなたでしょう？　あなた、どちらから？」

大橋さんが問い掛けると、男はもう一度『お迎えに参りました』と言ったきり、黙ってしまった。

暫く、お互いに顔を見つめ続け――いつしか、男はいなくなっていた。

〈電柱の工事の方だったのかしら？〉

大橋さんがトイレに立ち、再び寝室に戻ると、窓は閉まっていたという。


二日後、また寝苦しさを感じて目を覚ました。

やはり、春暁まで間のない、早朝の時刻である。

『――お迎えに参りました』

はっきりとした男の声に、思わず窓に目が向いた。

外に、先日の白い男が立っていた。

が、今度は大橋さんも、少し語気を強くした。

「あなた、どちら様？　他人の部屋を勝手に覗くなんて、失礼じゃありませんかっ？」

僅かに男の表情が歪んだ、ように見えた。

が、『いや、あの……お迎えに参りました』と、ひとつ覚えに男が呟く。

男の煮え切らない態度に、つい、腹ただしく思った。

「あなた誰っ？　知らない人になんか、ついて行きませんよっ！　帰って頂戴っ！」

そう怒鳴った途端、胸に強い痛みを覚えて気が遠くなった。

「心不全だったの。下の階の息子が、私が倒れた音で様子を見に来てくれてね。救急搬送されて……危ないところだったと聞いたわ。でね、その後に息子に話したのよ、あの窓の外に立っていた男のことをね」

息子は「随分と、気の弱い死神もいたもんだね」と笑ったという。

以来、大橋さんはあの男を見ていない。

役場のトイレ

北村さんは、とある地方の役場に勤めている。

建物が古く、不便さが目立つので、来館者からの苦情も多いのだという。

その中で特に興味深いものをひとつ、教えて頂いた。


二階にある待合室の横に、男子専用のトイレがある。

かなり昔から使われているトイレだが、とにかく狭いのだそうだ。

奥にある個室で用を足した後に、小便器の前に人が立っていたりすると、トイレから出られなくなるほどである。

だが、問題なのはトイレが狭いということではない。

北村さんに苦情を言いに来る来館者の殆どは、「トイレで転んだ」と訴えるのだ。

つまり、こうだ——

来館者が小便器で用を足していると、突然〈カクンッ〉と膝を折られるのだという。

所謂《いわゆる》、〈ヒザカックン〉の状態である。

そのため、来館者はその場で尻餅をつき、仰向けに倒れてしまう。

――すぐ真後ろに、コンクリート製の壁があるはずなのに、である。

大抵の人はすぐに立ち上がり、小便の続きを始めるという。

だが、小便の残りを出し切って、冷静に考えてみると、色々おかしい。

他に誰もいないトイレで、どうして転んだりしたのか？

そして、倒れた自分は一体どこに入り込んでいたのか、それがまったく理解ができないのである。

「倒れたとき、背後を振り向いてみたって人もいるんだよ。でね、聞いたらさ……自分の後ろには何もなくて、ただの真っ暗な空間が広がっていたって言うんだよ」

無論、コンクリートが透ける訳もなく、また壁の向こうは別の建屋が隣接している。

何もない空間など、どこにも無いのだ。

「困っちゃうのはさ、『気持ちが悪いから、あのトイレを撤去してくれ』って苦情が多いんだよ。でも……そんなことを改善提案書には書けないだろ？」

北村さんは、忌々しげに舌打ちをした。

ゲレンデ

いまから二十年ほど前、阿部さんは大学のスキー部に所属していた。

冬場に安宿を借り、朝晩となく練習に勤しむようなサークルだったという。

「随分、真面目なサークルでね。チャラチャラした奴はいなくて、みんな一生懸命に練習していたよ。俺は元々、高校からやっていたから、教えるほうが多かったかな」

そんな阿部さんが、当時体験した話である。


大学三年の冬休みのこと。

電話予約に手違いがあり、いつも使う宿泊所が取れない週末があった。

仕方なく他のスキー場を探してみると、手頃な宿泊料の宿が見つかった。

サークルでは初めて訪れるスキー場だが、どの旅行パンフレットにも掲載されている、名の知れたリゾート地だったという。

その年は例年に比べ天候が不順で、どこのスキー場も客足は少なかったらしい。

「もちろん、空いているほうが俺らには有難いよ。初心者の指導も安全にできるし、上級生が攻めた滑りをしても、周りから迷惑がられることもないからね」

阿部さんは昼間後輩たちの指導に当たり、自分の練習は夜間に行うことにしていた。ライトアップされた雪原を、高速で滑走するのが彼の好みだったのである。

新入部員たちは昼間の練習に疲れてしまい、ナイターをやりたがる者は少なかった。施設の係員が整備を終えると、照明の灯ったゲレンデが闇夜に浮かんだ。

「だけど、早速頂上に上ろうとしたら、リフトがゲレンデの途中までしか動かなかったんだよ。係員に聞くと、風が強くなってきたから様子を見たいって」

吹雪と言うほどではないが、確かに風当たりは強くなっている。

残念に思ったが、ゲレンデの中腹から見下ろすと、中級者用のコースでもそれなりに斜度を感じた。

〈行ってみるか〉と、雪面にストックを繰り出そうとした――その直前。

びゅうと風音を鳴らし、阿部さんの鼻先を男性のスキーヤーが横切っていった。

肝を冷やして、咄嗟に視線で追うと、スキーヤーが〈にっ〉と笑うのを見た。

怒りで、頭に血が昇る。

「でも俺、普段はそんなに怒るタイプじゃないんだよ。喧嘩も弱いしね。ただ、そのときだけは、どうしてもソイツのことが許せなくって」

怒りに駆られ、思わず男の後ろを追った。
相手がよほど達者でない限り、追いつく自信はある。
降り注ぐ雪の中、光と闇が交錯するゲレンデを滑走した。
が、なぜか相手との距離を、縮めることができない。
それどころか、コースに起伏が現れるたび、男の背中を見失いかけた。
ゲレンデの状態も悪く、幾度となく堅い雪面に板のエッジが弾かれる。
〈このままじゃ、置いていかれる〉と、焦りを感じた。
その刹那、目の前に男の背中が切迫する。
危うく接触しそうになり、強引に体を避けた。
男がわざと急減速したのは、明らかだった。
〈あの野郎っ、ふざけやがって！〉と、感情が突沸して――おかしい、と気づく。
男は、まっすぐ後ろに顔を向けて、にたにたと笑っていた。
だが、体は下り斜面に正対している。
首だけが、真後ろを向いている――
そのことに気がついた途端、雪溜りに足を取られて転倒してしまった。
その拍子にスキー板が外れて宙を舞い、阿部さんは為す術もなく斜面を転がる。

〈っと、やばっ！〉
嫌な予感がして、咄嗟に首を竦めた。
静寂が流れ、恐る恐る視線を上げると、雪面にスキー板が突き刺さっていた。
顔面の、僅か十数センチ先。
もし直撃していれば、怪我だけでは済まなかったはずだ。
「先輩っ、大丈夫ですかっ！」
見ると、二年生の後輩が叫びながら駆け寄ってきていた。
慌てて立ち上がり、あのスキーヤーの姿を探した。
が、幾ら雪原を見渡しても、見つけることはできなかった。
「……どうしたんですか？　あんなに飛ばして」
心配そうに訊ねる後輩に、阿部さんは先ほどの出来事を話して聞かせた。
すると後輩は「ここのスキー場、なんか変じゃないですか？」と声を潜めた。
そして「ほら、あそこなんですけど」と、ゲレンデの頂上付近に指をさした。
もちろん、そこにスキー客の姿はなく、ライトアップされた白い傾斜が伸びるだけ。
が、暫く見詰めていると、雪上に何かがいるのに気がついた。
ゲレンデに点在する雪溜《ゆきだま》りの瘤《こぶ》が、もぞもぞと動いて——人の形に変わっていく。

そして、そのまま斜面を滑り下りていった。

ひとつが下ると、また別の場所でひとつ、人の形をした白いものが生まれた。

まるで雨粒が滴り続けるように、次々とそれらはゲレンデを滑走していったという。

「今日は、もう……上がろうか？」

阿部さんはそれ以上余計なことを言わず、黙って後輩を促した。

「それからは、あまりナイターのスキーをやらなくなったんだよ。あの『首が後ろを向いた男』に、また出くわしそうな気がしてね。ちょっと、嫌になったんだよ」

あのスキー場では、二度と滑るつもりはないのだという。

そば女《め》

「僕、夕飯は仕事帰りに、外食で済ますことが多いんですよ。独身だし、残業も増えているもんで。でね、最近ちょっと気になることがあって……聞いて貰えますか」

友人の紹介で取材させて頂いた中村さんが、そう前置きをして語った体験談だ。

彼は都内の中堅商社で働く、若手社員である。

会社に近い場所にアパートを借りたそうで、毎日、徒歩で通勤しているという。

そのため、帰宅時間が遅くなると、途中にある飲食店に立ち寄るらしい。

特に、手っ取り早くて値段の手頃な、チェーンの蕎麦屋が彼の好みだそうだ。

「ただ、どうしても時間が遅くなるので、かつ丼とか、割とがっつり系のをよく頼みますね。で、注文した品を、待っているときのことなんですけど」

入り口付近の席に若い女性が座っているのを、よく見かけるのだという。

薄手のブラウスにタイトスカートを穿いた、ごく普通のお嬢さんである。

だが、そこは立ち喰い蕎麦屋。しかも、時間帯が遅い。

〈あまり、若い女性が来るような店じゃないのに〉

その女性を見掛けるたびに、中村さんは不思議に思っていたという。

「でも、よく見掛けるってだけで、まったくの赤の他人だし、じろじろ見ていた訳じゃないですよ。ただ、ひとつだけ、妙だと思うことがあって」

彼女が食事をしている姿を、見たことが無かった。

コップ水さえ置かれていないテーブル席に、じっと座っているだけなのである。

が、飲食店でそんなことをするのは、さすがに迷惑だろう。

〈もしかしたらこの娘、店員の仕事が終わるのを待っているのかも〉

あるとき、そのことに気がついた。

そう言えば、調理場で蕎麦を作っている店員にひとり、若い男性がいる。

恐らく、あの若い女性は店員の彼女で、彼氏と一緒に帰宅がしたくて、店内で待たせて貰っているのではないかと考えたのである。

「そうなると、ちょっと羨ましいと言うか……いい感じの話じゃないですか。それで、冷やかしのつもりで、男性店員に声を掛けてみたんですよ。『キミの彼女、いつも待ってくれているんだ?』ってね」

すると、店員は『はぁ?』と、顔面に大きな疑問符を貼りつけた。

聞くと、その店員は家計が苦しく、彼女など作っている余裕はないらしい。

かと言って、もうひとりいる店員は年配のおっさんである。

彼女云々《うんぬん》と言うような歳ではない。

少し拍子抜けしてしまい、中村さんは女性についての詮索をやめたという。


それから数日後。

その日も帰りが遅くなった中村さんは〈たまにラーメンでも食うか〉と、少し離れた場所にある専門店まで歩いていった。

席に座って注文を済ませ、ひと息吐くと——あの女性がいた。

向かいのカウンター席に座って、じっとこちらを見詰めていた。

ラーメンを啜っているようには、見えなかったという。

その翌日は、ファミレスだった。次は、別のラーメン屋。

やはり、あの若い女性が、店内のどこかの席に座っている。

だが中村さんは、〈この娘、よく出くわすなぁ〉くらいに考えていたという。

頻繁に見掛けるだけで、それ以上のことは何もなかったからである。

そして、つい最近のこと。

その晩は会社の飲み会があり、深夜になって帰路に就いたという。

ほろ酔い加減でアパートの階段を上がり、自室のドアに鍵を差し込んだ。

すると、〈ガチャリ〉と隣の部屋のドアが開いた。

中から——あの女性が現れた。

女性は挨拶もせずに廊下を歩いていくと、階段を下って姿が見えなくなった。

〈ああ、あの娘、隣に住んでいたんだ〉

酔った頭でぼんやりと考え、靴を脱ぎながら〈はっ〉と思う。

——隣は、空き部屋だった。

そう気づいた途端に怖くなり、朝まで布団でガタガタと震えていたという。

「で、いまでも頻繁に見掛けるんですよ、その女。なるべく気にはしないようにしているんですけどね……こういうのって、どうしたら良いですかね？」

正直、対処方法など知らないので、「さぁ？」と答えておいた。

あきらめ

ルミさんは若い頃、Sさんという同郷の女性とルームシェアをしていた。
ひとつのベッドで一緒に寝るほど、仲の良いルームメイトだったという。
ある晩、ルミさんは真夜中に、ふと目を覚ました。
「私、なんでこんな時間に起きたのかしら？」と、ベッドに腰を掛けていると――
〈ぽんぽん〉と、肩を叩かれた。が、Sさんはベッドで眠っている。
驚いて目を向けると、全身真っ黒なだけの人影が、ベッドに並んで座っていた。
固まったルミさんの真横で、そいつは二度、ゆっくりと顔を振ったという。
そして、何も言わず部屋から出ていってしまった。
「でもね、なぜかそのとき『あきらめろ』って、言われているような気がしたの」
その後、Sさんは徐々に精神を病み始め、半年後にあっけなく自殺してしまった。
「病んだ彼女を、救えないかって色々手を尽くしたんだけど――駄目だったわ」
そう言って、ルミさんは瞳に涙を溜めた。

老人ホーム

現在、とある企業の副社長を務める吉田さんは、前職では介護関係の会社の部長職に就いていたという。

国内に数か所ある介護施設の拡張と、経営管理が主な役割だったそうだ。

「前の会社のことだから、あまり詳しくは話せないけど……その頃に、ちょっと変わった出来事があってね」

いまから、十数年前の話である。

当時、吉田さんのいた会社で、地方のある老人ホームの買収計画が持ち上がった。

特別養護老人ホーム、いわゆる（特養）と呼ばれる介護施設だが、経営者が急逝してしまい、親族が経営権の譲渡を検討しているとのことだった。

その買収プロジェクトの責任者に、吉田さんが任命されたのである。

「でも、正直言うと、私はその買収案にあまり気が乗らなかったんだ。元々が家族経営みたいな施設でね。調べると、過去に何度か重大事故を起こしていたみたいで……ただ、先方にそのことを指摘しても、まったく情報を開示してくれなかったんだよ」

介護における重大事故とは、死亡事故や怪我の他に、虐待や不法行為等も含まれる。最悪、施設の閉鎖に発展する可能性があるため、吉田さんは警戒心を抱かざるを得なかったのである。

だが、彼の危惧とは裏腹に、施設の買収は順調に進められたという。

当然、入居している要介護老人の世話も、会社が引き継ぐことになる。

ただし、そこで働いていたスタッフは、勤務地を変更した上で、継続雇用とした。

会社が経営する他の介護施設に、分散して転勤させたのである。

「重大事故が起こった当時から、勤め続けているスタッフたちだったからね。同じ場所で雇用するのは、さすがにリスクが高いと判断したんだ」

その代わり、他の施設から〈選りすぐり〉のスタッフを、そこに入れたのだという。


しかし、ひと月も経たないうちに、問題が発生した。

五段階ある要介護認定のうち、最も高い〈要介護度5〉の老人が、怪我をしたとの報告があったのである。

報告書には〈顔面、及び腕部に打撲痕多数〉とあり、患部の写真も添付してあった。

だが、入居者が怪我をした原因については、不明とある。

驚いた吉田さんは、急遽現地に赴いてスタッフに原因調査を指示したそうだ。

「怪我をした老人は、意思の疎通ができないからさ。まずは、担当の介護士に話を聞いたんだが……」

彼の証言では、前日まで要介護者の身体に、何の異常も認められなかったという。

もちろん、介護中に怪我をさせた覚えもないらしい。

だが、吉田さんが見る限り、要介護者の打撲痕は人為的なものにしか思えなかった。

疑念を払拭できない吉田さんは、事故前日の監視カメラの映像を確認するように、部下に命じた。

すると、大変なことが判明した。

深夜の廊下を監視する映像のひとつに、不審者が映っていたのである。

「男がね、廊下から老人の部屋に入っていく姿が撮影されていてね。ほんの一瞬だけど、男の顔が見えるんだよ。それで、『一体、コイツは誰だ』って話になったんだが」

施設の関係者に、該当する人物はいなかった。

また、外から館内に人が侵入してきた形跡も、見つからなかったという。

暫くすると、本社から『本件は、内部調査を優先しろ』との通達があった。

つまり、『警察に通報はするな』という意味である。

「まぁ、隠蔽《いんぺい》と言えば聞こえは悪いけどね……ただ、犯人の探索は別にして、再発防止の対策は打たなければいけないからさ。元々、予算を申請していた改修工事を前倒しにして、一旦施設を閉鎖したんだよ」

その間、入居している要介護者は別の施設に移って貰った。

そして、介護事故の防止を図るため、バリアフリー化を含めて、古い設備の徹底的な刷新を行ったという。

また、外部からの不審者侵入についても、十分な対策を施行した。

一般的に言って、徘徊を伴う患者が入所する施設では、内側から外へ出る場合の防止策は万全であっても、その逆は不十分であることが多い。

それが、今回の事故原因のひとつではないかと、吉田さんは睨んだのである。

「同時に、不審者の特定も命じてはいたんだ。恐らく施設関係者だというのは、察しがついていたからね。以前に働いていた職員を中心に、内々に調査を進めさせてね」

だが、買収前の情報が少なかったこともあり、調査は難航したという。

そうしているうちに、介護施設の改修工事が完了した。

外観も見違えるように綺麗になり、館内の設備もかなり機能が充実したという。

〈これで、まずはひと安心だ〉と、胸を撫で下ろしたのも、束の間――

再び、同様の事故が起こった。

それも、同じ部屋で、である。

間の悪いことに、今回、要介護者の怪我を発見したのは、面会に来た家族だった。

当然、家族は「虐待されたのでは」と、疑いの目を向けてきた。

「前回とは、別の入居者だったんだが……足を骨折していてね。大変な騒ぎになったよ。家族の方を宥《なだ》めるのに、随分と〈気を使って〉警察沙汰は避けられたんだが」

原因が判明するまで、その部屋に要介護者を入居させるのは禁止とした。

ただ、部屋を空けておくのも勿体ないので、介護士用の仮眠室として利用することにしたのだという。


それから、二週間ほど経った頃だ。

再び施設を訪れた吉田さんは、介護士たちの様子を見て驚愕した。

数人の介護士が、顔や腕に青痣をつけていたのである。

入居者が錯乱し、暴れたのかと問うたが、どうも違うらしい。

「……仮眠して、起きたら痣ができていたんです」と、皆が口を揃えるのである。

意味がわからず、彼らに詳しく話を聞くと、こんなことを言い始めた。

――仮眠室で寝ていると、簡易ベッドの脇に知らない男が立つのだという。

それが夢なのか、うつつなのかはわからない。

ただ、驚いて起き上がろうとしても、身体は動かないらしい。

すると、男はニタニタと、いやらしい笑みを浮かべながら――

動けなくなった介護士の顔や身体を、出鱈目《でたらめ》に殴り始めるのだという。

やがて仮眠から覚め、身体を確かめてみると、殴られた箇所が痣になっている。

だが、部屋に男の姿はなく、人がいた気配も感じられない。

結局、皆が〈寝惚けて、ぶつけたのか〉と無理に納得するのだが、同じ体験をする者が増えると、そうも言っていられなくなる。

〈あの部屋は、おかしい〉と噂になり、いまでは誰も仮眠室を使わないのだという。

「そんな馬鹿な話があるかとは思ったんだけど、さすがに信じざるを得なくてね。ひとまず、件の部屋の使用を禁じて、事務室での仮眠を許可したんだよ」

半信半疑ではあったが、〈あの部屋に、何かあるのでは〉と疑念を持ったのである。

それからほどなくして、直属の部下から「不審者のことを知っている介護士が、見つかった」との連絡を貰った。

ただし、本人があまり話したがらない様子なので、直接面会して欲しいという。

早速、吉田さんはその介護士に会ってみることにした。

「元々、あの施設で働いていた介護士でね。監視カメラに映ってる男のことを知っているらしいんだが……何かを気にしているようで、中々喋ってくれなくて」

証言の秘匿と、身分の保証を約束するという条件で、やっと話を聞くことができた。


介護士は、不審者が「S」という男に似ていると証言した。

以前、その施設で働いていた、同僚の介護士である。

大柄な割に気の小さな男で、よく他愛のない失敗をしては、上司にペコペコと頭を下げる姿を見掛けたという。

また、普段は愛想がよく、やたらと丁寧な言葉遣いをする男でもあった。

だが、同僚たちは、それがSの外面だけのことだと、薄々感づいていたらしい。

要介護者たちのSを見る目に、怯えの色があったのである。

時が経つと、Sの本性が露呈されることになった。

夜間、入居者の部屋に忍び込み、虐待を繰り返していたことが発覚したのである。

最初の頃こそ、寝ている要介護者をいきなり揺すったり、眠りを妨げたりする程度の嫌がらせだったようだ。

が、徐々に嫌がらせがエスカレートし、殴る蹴るの暴行にまで増長した。

虐待行為には、女性の若年性認知症の患者への、性的暴行も含まれていたという。

——それら一連の犯行が発覚し、Sは施設を解雇されたのだという。

そして、Sが担当していた要介護者の居室が、件の部屋だったのである。


「……正直、よくぞそこまで放って置けたもんだと、呆れてね。まぁ、人手不足の業界だし、他人ごとではなかったが……とにかく、不審者の身元が割れた訳だから」

しかし、同僚だった介護士に聞いても、その後のSの所在は知らないと言う。

そこで吉田さんは、興信所に依頼して行方を調べてみることにした。

幾つかの疑問点はあったが、今回の重大事故に関して、Sが無関係だとは思えなかったのである。

が、調査の結果——数年前にSが死んでいたことが判明した。

施設をクビになった後に職を転々とし、生活に行き詰った挙句の自死だったらしい。

包丁を身体に突き立てたらしく、発見時、血溜りに倒れていたとの報告を受けた。

「最終的には不審者の特定に至らなかったと、経営陣に報告したんだ。まさか、昔働いていた男の幽霊に、入居者が殴られたとは言えないだろ？　でもね、私はいまでも、件の部屋の事故は『S』の仕業だと信じているんだ。と言うのはね……」

彼が解雇された際、「密告《ちく》った奴がいる」と呟くのを、元同僚が聞いていたのである。

逆恨みではあるが、強い被害者意識を持っていた様子だったと、元同僚は言った。


結局、件の部屋は使用禁止のまま、物置となった。

数か月後、吉田さんはヘッドハントを受けて、会社を転職することになる。

その後のことは、まったく知らないのだという。

見積もり

神奈川で塗装の工務店を営む、村田さんから聞いた話だ。

いまから十年ほど前こと。

市役所から、見積もり依頼の電話を貰った。

聞くと、市内にある公立中学校の非常階段を、再塗装したいのだという。

校舎の裏に外付けされた、非常用の螺旋《らせん》階段らしい。

「測量して、必要経費を算出するだけだからさ。ふたつ返事で引き受けたんだ」

さして時間の掛かる仕事でもなかったが、役所の担当者が立ち会いたいという。

「では、校門の前で落ち合いましょう」と話を決め、受話器を置こうとした。

が、その瞬間「あのっ、ひとつ言い忘れていたんですが、私が到着するまで、絶対に校内に入らないで頂けませんかっ」と、担当者が言う。

「えっ……でも学校には、話を通してあるんですよね？」

「勿論それはそうですが……おひとりで入られると、こちらが困るんです。とにかく、私が着くまで校門で待っていて欲しいんです」

そこまで念を押されると、嫌だとも言えない。

理由はわからないが、先方の要望に従うことにした。


数日後、待ち合わせの時刻に校門の前に到着すると、市の担当者が来ていない。

半時ほど待ってみても、姿を現さなかった。

携帯に掛けようとしたが、まだ名刺の交換もしていないことに気がついた。

授業が終わったのだろう、校門を出ていく生徒たちの怪訝そうな視線が痛かった。

「市役所に問い合わせることも考えたんだけど、ちょっと面倒でね。取り敢えず、車を学校の駐車場に停めて、さらに三十分ほど待ってみたんだけど」

やはり、担当者は現れない。

さすがに痺れを切らせた村田さんは、〈場所はわかっているんだし、別にいいか〉と、勝手に非常階段の測量を行うことにした。

次の仕事があり、いつまでも無駄な時間を過ごす訳にはいかなかったのである。

手早く準備を整えると、小一時間も掛からずに測量を終わらせた。

そして、使用した器具を車に積み直していると——

「村田さんっ、大丈夫ですかっ⁉」と、後ろから声を掛けられた。

振り返ると、蒼い顔をした男性が息を切らせている。

名乗らずとも、彼が市役所の担当者であることは察しがついた。

が、なぜに〈大丈夫か?〉と、聞かれたのかがわからない。

「いや、測量は無事終わりましたが……なにか問題でも?」と、聞き返した。

だが、担当者は「いや、それならば結構です」と、答えようとしない。

その代わり、到着がだいぶ遅れてしまったことを、素直に詫びてきたのだという。

「まぁ、こっちも勝手に学校に入っているし……お客に文句を言えたスジでもないからさ。取り敢えず、後日、見積もりを送るってことで、その場を離れたんだが」

校門を出るまで、市の担当者はずっと傍に立っていたという。


「でも、やっぱ気になったんだよ。だって、高々三階までしかない非常階段だよ。それを測量するだけなのに、市の職員が必ず立ち会うっていうのも変な話だし……いい大人を捕まえて、『ひとりで、入らないでくれ』って念押しされてもなぁ」

だが、依頼主や学校関係者に、直接理由を聞くことはできない。

そこで村田さんは、そこの中学出身だという若い建築作業員に、なにか事情を知らないかと訊ねてみたという。

——あそこの階段、やたらと部外者の飛び降りが多いんっすよ。

若い作業員が、顔を顰めながら言う。

なんでも在学中、彼が知っているだけで四回、飛び降り自殺があったのだという。

ただ、学校の生徒や教師が、そこで自殺をしたという話は聞いたことがない。

飛び降りるのは、学校とは無関係の人たちだけなのである、

「俺も、見たことあるんすよ……なんか背広着たおっさんが〈ふらふら〜〉って学校に入ってきて、いきなり階段を上って〈すとん〉って落ちたんです」

〈そのおっさん、変な方向に首が曲がって〉と、作業員は自分の首に手刀を当てた。

他の卒業生にも聞いてみたが、説明はおおよそ同じだった。

「多分さ、市役所の連中は知っているんじゃないかな。あの階段に、部外者を近づかせると危ないってことを」

約束通り、期限内に見積書を送ったが、担当からは何の返信もなかった。

その後、階段の塗装工事は、別の業者が請け負ったようだ。

「まぁ、こっちも危ない橋は渡りたくないからさ。別にいいんだけどね」

村田さんは、そう言って渋い顔をした。

鯉のたたり

宮本さんの実家は、とある地方に広い土地を持つ大地主である。

とても古くから続く家で、その地域一帯における影響力も大きいのだという。

「でも、別に政治家をやっている親戚はいないかな、いまはね。本家を兄貴が継いでくれているから、僕はこっち（東京）で好きにやらせて貰っているよ」

そんな宮本さんに、〈何か、面白い話はないか〉と質問をした。

二十数年前のこと。

宮本さんの実家のすぐ近くに、大きなデパートが建った。

全国に支店のある有名なデパートで、地域振興の期待も高かったという。

そのデパートが建設されるにあたり、宮本家が所有していた土地をだいぶ売り払ったというから、大変な額の収入があったものと推定される。

それだけなら四方が丸く収まったのだが、問題が起こった。

そのデパートが、本館の脇に立体駐車場のタワーを建てたのである。

「六階建ての、背の高いタワーでね。うちが不動産売買の話を受けたときには、事業計画に入っていなかったんだ。それで、祖父《じい》さんがえらく怒ってね」

元々祖父は、実家の近くにデパートが建つことを、快く思っていなかったらしい。屋敷を見下ろされるのが、気に食わなかったのである。

それでも土地を売ることにしたのは、地元の政治家から執拗に頼まれ、断り切れなくなっただけのことだった。

その上に、祖父の怒りを一段と増す出来事が起こった。

実家の日本庭園で飼っていた錦鯉《にしきごい》が、死んだのである。

祖父がとても大切にしていた、鯉だった。

「うちの祖父さん、死骸を池から引き上げた足で、そのままデパートに怒鳴り込んだんだよ。で、デパートの支店長に『弁償しろ』って迫ったらしくて」

祖父の言い分では、新しく建設された駐車場のせいで池に影が落ち、日照不足で鯉が死んだということだった。

立体駐車場が日光を遮り、池の日当たりが悪くなっていたのは事実である。

だが、それが錦鯉の死と、直接関係していたかどうかはわからない。

「でも、祖父さん、一度こうだと決めつけたら、絶対に譲らない人だったから」

当然デパート側は、錦鯉の弁償には応じなかったという。

クレーム専門の担当者を立て、抗議に訪れる祖父への対応をさせたのである。

デパートに取ってみれば、因果関係も証明されない鯉の生き死にで、余計な金を使いたくないというのが本心だろう。

「錦鯉ってね、結構高いんだよ。普通に高級外車が買えるくらいの金額がついたりするからさ。下手な交渉には、応じられなかったんだろうね」


だが、半年もしないうちに、状況が変わった。

弁償こそ応じなかったものの、別の形でデパート側が交渉を始めたのである。

その理由は、至極単純なものだった。

――デパート側が立てていた、クレーム担当者が続けて亡くなったのである。

その人数は三人。全員が、溺死だったという。

最初の担当者は自宅での入浴中、浴槽で溺れ死んだらしい。

次の担当者は岸辺で釣りをしていて、誤って川に落ちたそうだ。

慌てて周囲の釣り人が救い上げたが、すでにこと切れていたのだという。

三人目は、もっと酷かった。

海岸沿いの道路をドライブ中、ハンドル操作を誤ったらしく、ガードレールを突き破って海に転落したのである。

同乗していた妻と子供を含め、車中に三人の溺死体が発見された。

高々半年の間に、そんなことが立て続けに起こったのである。

さすがにこれ以上はクレーム担当を立てられなくなり、デパート側が折れざるを得なくなったようだった。

「それで、錦鯉を弁償しない代わりに、先方が提示してきた条件がふたつあってね」

ひとつ目は、宮本家の所有する不要な土地を、言い値で買い取ること。

もうひとつは〈かなり変わった提案だったが〉、今後、宮本家の者がデパートで買い物する際には、その料金を支払わなくても良い、というものだった。

つまり、タダで買い物ができたのである。

「レジで『宮本です』って言うだけで、全部タダにしてくれたんだよ。うちの母なんか、買い物に財布を持って行かなくなってたからね……でもさ、俺はある時期から、デパートに行くのを止めたんだ。ちょっと、嫌なことに気づいてね」

錦鯉の件が片づいた数年後、祖父が亡くなった。

九十歳を超える、大往生だった。

葬儀の後、両親の言いつけで、宮本さんは祖父の遺品の整理を行った。

すると、部屋の天袋の奥から、小さな木箱が出てきたという。

その中には、細かく破られた名刺と、ふやけた三枚の写真が入っていた。

写真の人物が誰かは知らないが、名刺の断片にデパートのロゴを見つけて――

それ以上、追及するのをやめた。

「生前さ、祖父さんはクレーム担当が亡くなったことを『鯉のたたり』って、言いふらしていたんだよ。でもね……祖父さんが本当にそう思っていたとは、考え難くて」

――たたりではなく、呪っていたのではないか。

いまでは、そんな風に思っているのだと、宮本さんは呟いた。

落命

上条さんは、都内でラーメン屋を営んでいる。

カウンター席に七人座れるだけの小体な店だが、開業してすでに二十年が経つ。

元々、店の隣にある不動産屋の社長だったというが、生来のラーメン好きが高じて店を持ちたくなり、現在は不動産業を息子に譲ってしまったのだという。

「まぁ、趣味道楽って言っちゃあ、身も蓋もないけどさ。どうも、こっちの方が性に合っているみたいでね。有難いことに常連客もいるからさ、忙しくやっているよ」

そう言う上条さんに、〈何か不思議な体験はありませんか?〉と聞くと、少し考え込んでから、こんな話を教えてくれた。


上条さんがラーメン屋を始めてから、四年ほど経った頃のこと。

ある知人から、息子を雇ってくれないかと頼まれた。

聞くと、息子の名はSくんといい、生まれつき虚弱体質なうえに、軽い知的障害を持っているのだという。

そのため、最近まで引き籠りのような生活を送らせていたのだが、それでは本人のためにならないと周囲から諭され、信頼できる雇用先を探していたらしい。

「できるなら、色々な社会経験を積ませてやりたいんだ」

知人はそう言うと、地べたに額を擦りつけるようにして頼んだという。

「でね、とりあえず本人に会ってみようじゃないかって、後日連れて来させたんだよ。まぁ、確かに頭の回転は少し鈍いようだったが……挨拶はちゃんとできるし、なにより真面目そうでね。だから、試しに雇ってみることにしたんだ」

ただ、初めから料金の計算や注文取り、火を使う仕事などを任せることはできないので、もっぱらラーメンのトッピングと、皿洗いを担当して貰うことにした。

最初の頃こそ、慣れない手つきで失敗も多かったが、やがて仕事を覚え始めると、非常によく働いてくれたという。傍から見ていると、仕事のひとつひとつを丁寧に、まっすぐ取り組んでくれているのがよくわかった。

内心、ボランティアのつもりでSくんを引き受けた上条さんだったが、暫くすると彼のことをとても重宝がるようになったという。

「とにかく素直な、いい子でね。文句ひとつ言わないで、懸命に働いてくれたよ」

そんなSくんだったが、上条さんは一度だけ、彼を強く叱ったことがある。

ラーメンの具の盛り付けをしている最中、ビニール手袋を嵌めた指先で〈ズズッ〉と鼻を啜ったのだ。

「そんなことしちゃ、ラーメンが台無しだからね。それに、料理に携わる人間が絶対にやっちゃいけないことだからさ、強く言い含めたんだが」

鼻の具合が悪いときの癖なのか、中々止めさせることはできなかった。

そこで上条さんは一計を案じ、仕事中はSくんにマスクをつけさせることにした。

その甲斐あってか、Sくんが鼻を啜ることはなくなったという。

それから、四、五ヵ月も経った頃だ。

あるとき、お客さんが「シナチクが、何かヌルヌルするんだけど」と言い出した。

また、別の客は「このチャーシュー、古くなってないか？」と剣呑な顔をする。

〈そんなはずは〉と、トッピングの具材を確かめるのだが、痛んでいる様子はない。

だが、日が経つにつれ、益々客の苦情は増えていった。

どうやら、よく食べ来てくれている常連客ほど、苦情が多いようだった。

そうしているうちに、今度は初見の客が「おいっ、こんなラーメン食えねーよ！　この餓鬼の鼻水だらけじゃねーかっ！」と、Sくんを指しながら声を荒げた。

一方、怒鳴られたSくんは固まってしまい、ただ目を見開くばかりである。

「でも、俺はそれを見て、ついカッとしてね。『てめえ、文句あんのか！』って怒鳴り返したんだ。第一、Sはマスクを着けているし、ラーメンに鼻水なんか入らないから」

だが、その後も同じ苦情を訴える客が続出した。

決まって、Sくんを指さし『……鼻水が』と言うのである。

しかし、上条さんが見ている限りでは、Sくんにおかしなところはない。

真剣に、ただひたすらラーメンに具材を載せているだけである。

〈どうなってんだ？〉と上条さんも疑問に思うのだが、原因は一向に掴めなかった。

そんな、ある日のこと。

ひとりの女性客が「ごめんなさい」と謝りながら、店から出て行ったことがあった。

見ると、カウンターには手付かずのラーメンと、その代金が置いてある。

上条さんは急いで店を飛び出し、その女性客を呼び止めると、「口に合わないなら、受け取れないから」とラーメンの代金を突き返したという。

だが、女性は「ごめんなさい……でも、それは受け取れないわ」と真顔で断った。

「でもこっちはさ、Sのことが頭にあったから『どうせアンタも、鼻水がどうたらって言うんだろ』ってさ、思わず声に出したんだよ」

すると女性は、悲しげな眼差しで、こんなことを言う。

「いいえ、違うの、そうじゃないのよ……きっと、あなたには見えていないのでしょうけど、確かにあの子は、鼻と口から水を流し続けているの……でもね、あの水は決して鼻水なんかじゃないわ」

——あれは、あの子の命そのものよ。

女性が言うには、この世にはごく稀に、自分の生命を体内に留めておくことのできない人間が、生まれてくるらしい。

大抵、そういう人は体が虚弱で、また寿命が短いというのだ。

「もっと悪いことに……あの子は自分の生命を、他人に食べられてしまっているの。何度も、何度もね。でもそれは、あの子にとって、とても良くないことなのよ」

女性はそれだけ言うと、足早に立ち去ってしまった。


「……正直言うとね、俺もあの女の言うことに心当たりがあったんだ。Sの奴、勤め始めてから、だいぶ痩せてきていてね。その頃は仕事も休みがちになっていたから」

Sくんの体を心配した上条さんは、ご両親と相談したうえで、彼に仕事をやめて貰おうと決心した。あの女性客の言ったことを鵜呑みにした訳ではないが、実際、Sくんの体調が優れないのは、誰の目にも明らかだったのである。

だが、ただひとり、Sくんだけは頑として納得しなかった。

「Sがさ、『やめたくない、ラーメンを作りたい』って泣くんだよ……それを説得するのは、本当に辛くてね。でもさ、心を鬼にして、仕事をやめさせたんだけど」

暫くすると、Sくんは不調を訴えて入院してしまった。

診察の結果、内臓の幾つかの器官が弱まっていることが判明し、上条さんが見舞ったときには〈もう、長くはないと思っています〉と、ご両親から告げられたという。

——それからひと月も経たないうちに、Sくんは亡くなった。

「いまでもさ、ずっと後悔しているんだよ。あのときにさ、少しでも長くSの奴を働かせておいてやれば良かったたって、ね」

以来、店で人を雇ったことはない。

それが、Sくんに対するせめてもの手向《たむ》けなのだと、上条さんは言った。

中古レコード

神奈川に住む尾瀬さんは、中古レコードの収集が趣味だった。

方々の古物商を訪ねては、レコード棚を物色するのが楽しみだったのだという。

「妻に怒られるから、プレミア品はあまり買えなくてね。もっぱら掘り出し物を狙って、中古盤を随分と買い漁ったものだよ」

だが、二年ほど前から、尾瀬さんはレコード収集をやめてしまっている。

そのときの話である。


ある日、知り合いの店主から「中古盤を纏めて仕入れた」と、連絡を貰った。

東京にあるレコード専門店で、以前から尾瀬さんが親しくしている店主だった。

このジャンルは同好の士が多く、目ぼしい品はすぐに売れてしまう。

尾瀬さんは、自分の仕事の合間を縫って、早々に店を訪れることにした。

しかし、入荷した中古盤の商品棚を漁っても、これという品がない。

メジャーなレコードが多く、彼の食指を動かすほどのものはなかった。

強いてあげるなら、一枚だけ気になる中古盤を見つけた。

ジャケットが黄ばんでボロボロに破れた、まったく内容が不明なレコードだった。

だが、それが却って、彼の収集癖をくすぐった。

「ジャケットのない中古盤って、結構面白いんだよ。どこかの国の政治家の演説が入っていたり、もの凄く下手な素人が歌ってたりもしてね」

他に欲しいものもなく、尾瀬さんはそのレコードを購入することにした。


尾瀬さんは自宅に戻ると、早速レコードを掛けてみたという。

スピーカーから流れてきたのは、澄んだ女性の歌声。

ピアノが奏でる静かな旋律に、哀愁の漂うフランス語の歌声が調和した、綺麗なシャンソンのバラード曲だった。

いままでに、聞いた覚えのある曲ではない。

曲名を知りたく思うが、ジャケットは役に立たず、センターラベルも剝がれている。

よほど刻印が浅かったのか、製造番号すら酷く掠《かす》れて判読ができなかった。

「……でも、ピアフやボワイエとかの、有名なシャンソン歌手じゃないのは確かだったよ。それに、最初に聞いたときは、飛び抜けて良い曲だとも感じなかったんだ……でも、二回、三回と繰り返しているうちに、段々と耳に馴染んできて」

特に、曲の後半にあるルフランが心地よく、何度でも聞きたくなったのである。

彼の奥さんも、最初は「なんだか暗い曲ね」と、あまり興味を示さなかったが、何度か聴いているうちに、気に入り始めた様子だった。

「実際、何度聴いても飽きないし、心の安らぐ曲だったよ」と、尾瀬さんは言う。

また、レコードを繰り返し聴くことで、新たな発見もあった。

例えば、ノイズだ。

当初、レコードが古いせいで混じっていると思っていたノイズが、実は〈ぼそぼそ〉と呟く人の声だということに、あるとき気がついた。

そして、もうひとつ——笑い声である。

曲が終わって無音が続いた後、人の笑い声が何の脈絡もなく入るのだという。

〈あははは……〉と嘲《あざけ》るような、乾いた男性の笑い声だった。

「当然、シークレット　トラックって訳じゃないだろうけど……俺は、その曲の作曲家が、意図してその笑い声を入れたと解釈したんだ」

それ以降、尾瀬さんは笑い声が終わるまで、レコードを止めなくなった。

——その頃から尾瀬さんの自宅は、徐々に様子がおかしくなり始めたという。

まず、飼っていた猫がいきなり死んだ。

原因はわからない。

ある朝、玄関で冷たくなっているのを、尾瀬さんが見つけたのである。

猫を可愛がっていた奥さんは大変に悲しんで、塞ぎ込むようになった。

家事も手がつかない様子で、仕方なく尾瀬さんが代わることにした。

それから暫くして——家の中が、臭うようなった。

家のどこにいても、微かに生ごみの臭いがするのである。

だが、ごみを溜めたりはしていない。

毎朝、尾瀬さんが集配所に捨てに行っていたのである。

そして変化は、尾瀬さん自身にも生じ始めた。

あの曲が耳にこびり付き、脳裏から離れなくなってしまったのである。

頭の中で、脳が勝手にあの曲を再生し続けるのだ。

「それでいて、レコードを掛けることも止められないんだ。妻の代わりに、家事をやらなければいけないのだが……いつの間にか、書斎でレコードを聴いていてね」

いつしか、気だるい雰囲気が家中に蔓延し、生活の気力が失われていくのを感じた。

——ある日、遂に悪臭の発生源を見つけた。

臭いを手繰って、一階の物置部屋の床下収納に辿り着いたのである。

床下は、酷いことになっていた。

収納に生ごみが目一杯詰め込まれ——その中に、死んだ猫の遺骸があった。

ビニール袋に詰め込まれたそれは、体が腐りかけ、毛皮が泥で汚れていたという。

つんとした悪臭に鼻腔が痺れ、思わず収納の蓋を手放した。

その瞬間、〈あははは……〉と、乾いた笑い声が響いた。

が、レコードではない。

背後に、奥さんが立っていた。

眼の光が酷く曖昧《あいまい》で、尋常な様子ではなくなっていた。

「恥ずかしい話だが、妻が正気を失っていることを、そのときになってやっと気がついたんだ……それで、すぐに病院に連れて行って、診察して貰ったんだ」

結果、奥さんは若年性の認知症だと診断された。

まるで渦潮に飲み込まれるように、すべてが悪い方向に落ちているように感じた。

——思い当たる原因は、ひとつだった。

「人間ってさ、具合が悪くなると、何かしら原因を求めたくなるものなんだよ。例え、それが迷信めいたものであってもね……もちろん、あの中古レコードのことだよ」

翌日、尾瀬さんはレコードを購入元の店に持ち込み、買い戻して貰った。

正直、手放したくない気持ちもあったが〈妻のためだ〉と、未練を断ち切ったのである。

すると驚いたことに、奥さんの状態が快方へ向かい始めたのだという。

「暗かった表情が、急に明るくなってね。少しずつ、家事も出来るようになってきたんだ。それに、家の雰囲気も元に戻ったし、猫も庭に埋め戻したよ……でも、そうなるとさ、あの中古レコードが一体何だったのか知りたくなるだろう?」

半年が過ぎた頃、再びレコード店を訪れた。

その頃には、すでに中古盤の収集をやめており、久々の来店となった。

店主と軽く雑談を交わし、何げなくあの中古レコードのことを聞いた。

が、店主もレコードの中身は、一切わからないのだという。

ただ、レコードの元の持ち主については、少しだけ教えて貰うことができた。

「あのレコード、亡くなったある収集家の遺留品なんだよ。そいつの親戚がさ、遺品整理で纏めて売却したらしくて……なんでもそいつ、交通事故で家族共々、亡くなったんだって」

そう言った後、店主は〈一応、このことは内緒な〉と笑った。

あの中古レコードは、買い戻してから、すぐに売れてしまったのだという。

「いまでも、あのレコードのことを、たまに思い出すことがあるんだ。でも、もう関わりたくはないけどね。ただ、あのレコードが……いまもどこかで、持ち主に不幸を呼び続けているんじゃないかって、そのことだけが気になっていてね」

現在、尾瀬さんの奥さんは、認知症の検査と治療を継続して受けている。

だが幸いなことに、症状が悪化する兆候はまったく見られないのだという。

家の隣

「お隣ねぇ……大きな声じゃ言えないけど、ちょっと気持ち悪いのよ、あの家」

そう言って、秋江さんは隣の家をちらりと見遣る。

聞くと、こんなことがあったそうだ。


つい数日前の朝。

秋江さんが朝食の支度をしていると、がらがらと雨戸の開く音がする。

朝、自室の雨戸を開けるのは、息子の日課だった。

〈あの子、そろそろ下りてくるわね〉と食器を並べ始めた、その矢先。

「おはようございますっ！　今日も、よろしくお願いしますっ！」と、元気な挨拶が聞えてきた——が、強い違和感を覚えた。

息子の部屋の窓は、隣の家に面している。

しかし、隣家のご家族は、前日に引っ越したばかりだった。

挨拶は、息子の声に聞こえた。

「……おはよう」と、階段を下りてきた息子の表情が暗い。

顔色が蒼ざめ、頻りに首を傾げている。

「アンタ、いま、誰に挨拶したの？」と秋江さんが訊ねた。

「ううん……挨拶なんてしてないよ」

「でも、あんたの声が聞えたみたいだったけど……」

すると息子は、一瞬嫌そうに顔を歪め、こんなことを言い出した。

「さっき、部屋の窓を開けたらさ、隣の家の窓も空いたんだ。で、その人に、いきなり挨拶されたんだけど……見たらそれ、『僕』だったんだ」

まるで鏡を置いたかのように、真向いの窓で『自分』が笑っていたと言うのである。

「そんなことを、息子が言っていたの。でも、お隣はもう人が住んでいないはずだし……なんだか気持ち悪くて」


――この話は、まだ途中である。

片方は駄目になったが、こちら側はまだ始まったばかりだからだ。

アニメーター

土曜の夜、新宿にある居酒屋で、天野さんという男性と飲んだ。

彼は現在、とあるアニメ制作会社のプロデューサーを務めており、聞くと以前、大変に奇妙な体験をしたのだという。

いまから、十年ほど前の出来事である。


当時、天野さんの制作会社では、社外の動画マンにも仕事を依頼していたそうだ。

瀬川さんという四十絡みの女性で、キャリアも長く、非常に有能な動画マンだった。

「フリーランスの動画マンって、業界では珍しいんだ。普通は動画から原画、作画監督と、仕事をステップアップさせるんだけど、彼女はずっと動画を専業にしていてね」

その頃、まだ制作スタッフだった天野さんは、瀬川さんに仕事を依頼することが少なくなかったという。

動画の仕上がりが早く、安心して仕事を任せることができたのである。

ただ、彼女にはひとつだけ、変わったところがあった。

携帯電話や、パソコンの類を、一切持っていなかったのである。

そのため、彼女と連絡を取りたいときには、部屋の固定電話に電話しなければならなかった。

「でも、電話するほどじゃない伝言も多くてね。例えば、『原稿用紙、足りていますか?』とか、『鉛筆、補充しましょうか?』とかって」

そんなことで、いちいち電話をするのは面倒だった。

そこで天野さんは、彼女に原画を届ける際、封筒に手書きのメモを付けるようにしていたのだという。

メモには、作画監督からの指示や注意事項を記入することもあったし、また「大変ですが、宜しくお願いします」と、励ましの挨拶を添えたりもした。

一方で彼女も、仕上がった動画の中に、返事のメモを入れてくれた。


あるときのことだ。

天野さんは瀬川さんから返ってくるメモ書きに『つらい』とか『苦しい』などと、愚痴が増えていることに気がついた。

その都度、彼は「大丈夫ですか?　お仕事を減らしましょうか?」と返していたのだが、愚痴が減る様子はない。

「でも、仕事の仕上がりはいつも通りなんだよ。丁寧だし、納期もキッチリ守ってくれて。それに、直接動画の受け取りに行ったときも、別に変った様子はなくて」

〈瀬川さん、ストレスでも溜まっているのかな〉くらいに受け止めていたという。

ところが、暫くするとメモ書きに、「さびしい」と書かれるようになった。

それまでは、たとえ愚痴であっても、仕事に関する内容しかなかったのである。

さすがに、連絡用のメモに「さびしい」と書かれることには、違和感を覚えた。

それは彼女の心情であって、動画の仕事とは関係がない。

「でも、瀬川さんはずっと独身だったし、黙々と絵ばかりを描いてきた人だから……やっぱり女性として、寂しいと感じるときがあるのかって、少し気にしていたんだ」

だが、次に受け取ったメモ書きには、「この部屋、さわがしい」と書いてあった。

その下には「うるさくて、眠れない」と書いて、塗り潰した跡も残っている。

漠然と、不安な気持ちを感じた。

「正直、意味がわからなくてね。隣の部屋がうるさいならまだしも、自分の部屋のことだから……もしかしたら彼女、精神的に参っているんじゃないかと、不安になって」

翌週になり、その不安が的中したことを、天野さんは知ることになった。

受け取ったメモ書きに「毎晩、幽霊に犯される」と、書いてあったのである。

「レイプされて、全然眠れない」、「幽霊は三人いる」とも書き添えてあった。

だが、直接瀬川さんに会っても、表情に異常さは感じなかった。

「それに、受け取った動画もまったく問題がないんだ。でも、それが却って不気味で。だってさ、メモに新しく『幽霊』っていう言葉が出てきたってことは、もう一段、状況が悪化したってことだから……このままじゃ、ヤバいことになりそうだって」

——思っていたよりも早く、「終わり」の日は訪れた。

受け取った動画の大半が、黒く塗り潰されていたのである。

辛うじて絵のある原稿にも、まったく関係のないキャラクターが描かれていた。

そして、いつものメモ書きには、筆圧の定まらない文字が支離滅裂に綴られている。

驚いた天野さんは、当時上司だった制作部長に、そのメモ紙を渡した。

部長は、古くから瀬川さんと付き合いがあり、彼女の良い理解者だったのである。

「これは……不味いな」

メモを読むなり、部長は瀬川さんの部屋に急行した。

そして、彼女を部屋から連れ出して、精神科の病院に入院させたのだという。

以来、天野さんは彼女のことを見ていない。

「それから二年くらい経った頃かな。あるアニメの打ち上げがあって、皆で飲んだんだよ。で、そのときにさ、『瀬川さんのこと、覚えてる?』って話になったんだ。『あのときは動画に穴が開いて、大変だった』ってね」

ただでさえ厳しい制作状況で動画マンが辞めてしまい、危うく万策尽きかけたと、皆が大きく頷いた。

すると、制作のひとりが「でも俺、ちょっと気になることがあって」と言い出した。

なんでも、以前に瀬川さんのアパートへ動画を取りに行ったときに、部屋の奥から「おい、誰か来ているのか?」と、彼女を呼ぶ男性の声が聞えたというのである。

また、別の制作スタッフは、瀬川さんの部屋を離れる間際に、中から複数の男性の笑い声がしたと証言した。

だが、瀬川さんの部屋は、六畳一間の狭い賃貸だった。

さらに、ある制作スタッフは、アパートに到着して呼び鈴を押すと、ドアの向こうで女性の短い悲鳴を聞いたという。

〈まさか、強姦か?〉と心配していると、暫くして玄関に瀬川さんが現れた。

酷く着崩れたネグリジェを纏い、瞳が妙に潤んでいるように見えたという。

「でも、そのときの瀬川さん……歳の割に、すごく色っぽくて」

その制作は、何も言えずに動画を受け取って、帰ってきたらしい。

「なんかさ、話のピースを繋ぐと、瀬川さんの部屋に誰かがいたっていうことになるんだけど……でもさ、その頃は瀬川さん、だいぶ精神が病んでいたはずだから」

それともうひとつ、制作スタッフが口を揃えたことがある。

瀬川さんの部屋の玄関に、男性用の靴を見なかったと言うのだ。

「……それでね、別の席で飲んでいた制作部長にも、瀬川さんの話を振ってみたんだよ。そしたらさ、部長も気づいたことがあるって言ってね」

——あいつが書いたメモ書きな。あれ、彼女の字じゃなかったよな。

言われてみると、最後のメモだけは、文字の書き方がまったく違っていたのである。


「でね、俺も……最近になって、ちょっと思い出したことがあるんだよ」

天野さん自身、すっかり忘れていた記憶である。

当時、仕事の用事があって、瀬川さん宅に電話をしたことがあった。

すると電話口に、知らない男性が出たというのだ。

男性は「瀬川ならいますよ」と言い、受話器を替わった。

その口ぶりがあまりに自然だったので、天野さんも気に留めなかったのである。

「……正直、瀬川さんの部屋に男がいたのか、それとも彼女のメモにあった『幽霊』だったのか、まったくわからないんだ……ただ、その時期に彼女が精神を病み始めて、最後には動画マンを廃業したってことだけは、確かなんだよ」

天野さんはそう言って、一気にビールを飲み干した。

そして、暫く考え込み——言葉を繋いだ。

「ただね、大きな声じゃ言えないけど……この業界は二、三年にひとりくらい、精神がイカれる奴が出るんだよ。まぁ、寝る時間のない仕事だし、元々その傾向のある奴が集まり易いってのもあるからね」

時計を見ると、すでに夜の十一時。

聞けば、彼はこの後、まっすぐ会社に戻るのだという。

「大変ですね」と労《ねぎら》うと、「仕事だから」と笑って答えてくれた。

忖度

事情があり、名字を伏す。

タケオさんは、とある服飾メーカーでデザイン部門の部長職に就いている。

四十代前半という年齢にあって、異例ともいえるスピード出世なのだという。

「うん、でも、成り行きだよ。自分の実力だなんて思っていないから……」

現在、都内の大きな一軒家に住み、妻子共々、幸せな生活を過ごしている。

そんな彼が如何《いか》にして現在の奥さんと結婚に至ったか、その〈なりそめ〉について聞かせて頂いた。


「もう二十年近く経つのかな。当時、私は同じ学部の女性と同棲していてね。学生の分際でと思われるかもしれないが……卒業したらすぐに結婚しようと、約束を交わしていたんだ」

だが、その約束が果たされることはなかった。

彼女が運転する車が、交差点から飛び出してきたトラックに追突されたのである。

そのとき助手席に同乗していたタケオさんは、一ヵ月、病床から離れられないほどの大怪我を負った。

そして、同じ病院に緊急搬送された彼女は、意識不明の重体となっていた。

タケオさんは強く面会を望んだが、「いまは絶対安静だから」と、彼女のご両親に引き止められたという。

「その頃だよ、レイコが病室に見舞いに来たのは……彼女も同じ学部の学生だったんだが、とても印象が薄い娘でね。最初、どこの誰だかわからなかったんだ」

だが、わざわざ見舞いに来てくれた女性を、無碍《むげ》に扱うことはできない。

タケオさんは感謝し、折角だからと病室で暫く談笑をした。

やがてレイコさんは「長くなると身体に障るから」と、病室を辞去した。

その間際、「これ、持っていてください」と、小さな紙切れを差し出したという。

それは、見たことのない形に折られた、赤い折り紙だった。

聞くと、タケオさんのことを必ず守ってくれる「お守り」なのだという。

「折り鶴ではなかったけど、たぶん同じようなものだと思ったんだ。ただ、割と複雑に折られていて……生き物なのか、飾りなのか、よくわからなかったよ」

タケオさんは、その折り紙を病室のキャビネットの上に置いた。

それから暫くして、タケオさんは奇妙なことに気がついたという。

病室で時折、犬の鳴き声が聞こえるのである。

もちろん、テレビやラジオではない。

どうやら鳴き声は、壁際にあるキャビネットの辺りから聞こえてくるようだ。

気になって探ると――レイコさんから貰った、折り紙が鳴いているのだとわかった。

「何か仕掛けでもあるのかと調べたんだが、やっぱりただの折り紙なんだよ。でも、注意して見ていると、どうも病室に人が来るときにだけ鳴くみたいで」

タケオさんの家族が部屋に来たとき、折り紙は「わんわん」と軽い鳴き声を上げた。

そして、意識不明の続いている彼女のご両親が、タケオさんの様子を見に来たときには「うーーーっ」と、威嚇《いかく》するような低い唸り声を上げたという。

気味が悪かったが、捨てようとまでは思わなかった。

見舞いに貰ったものではあるし、「お守り」と言われたことも気に掛かっていた。

――が、入院して二週間後、折り紙はいままで聞いたことのない声で鳴いた。

「くうん、くうん」と鼻を鳴らす、甘えた子犬のような鳴き声だった。

その直後、彼女の母親がふらふらとした足取りで、病室に入ってきた。

母親の目が、涙で濡れ尽しているのを見て――彼の心臓が凍る。

「あの娘が……いま亡くなったの」

その場で泣き崩れる母親の嗚咽と、折り紙の鳴き声が重なって聞えた。

「その後、私は無事退院したんだが、心にぽっかりと穴が開いてしまってね。学校にも行かず、ずっと呆けていたんだよ。だけど、その間もレイコは、毎日私の元を訪れてくれていたんだ。彼女なりに、慰めてくれているんだと思ったよ」

その甲斐あってか、タケオさんは徐々に生きる気力を取り戻していった。

留年も已《や》む無しと思っていた大学も、運よく進級することができた。

その頃から、彼はレイコさんと付き合い始めたのだという。

あまり好みのタイプではなかったが、色々と世話を焼いてくれる彼女と、いつの間にか交際する形になってしまったのである。

「聞くと、彼女は四国のとある地方の出身で、大変な資産家の長女だったんだ。ただ、正直言うとね……その頃は、別にレイコとの将来を考えていた訳じゃないんだ。少なくとも、亡くなった元の彼女に抱いていた感情は、レイコとの間には無かったから」

翌年、タケオさんは大学を卒業し、とある大きな証券会社に入社した。

駄目元で応募した会社だったが、なぜか入社試験にすんなり合格したのだという。

そして、次々と大きなプロジェクトに携わるようになり、その度に社内での地位が上がったそうだ。

正に〈とんとん拍子〉に出世をしていたと、タケオさんは当時を振り返る。

だが、いま考えても、さして自分に実力があったとは思えない。

「入社して二年も経たないうちに、課長に抜擢されてね。実際、得意満面だったよ。若かったし、浮かれていたんだと思う」

社会に出て、大人の付き合い方を学び、交友関係も大きく変わった。

そして、タケオさんは複数の女性と頻繁に交際するようになった。

長身で、爽やかな印象のある彼は、当時から相当女性にモテたのである。

だが不思議と、どの女性と付き合っても長続きはしなかった。

別に、タケオさんのえり好みが強かった訳ではない。

ある程度まで付き合いが深まると、必ず相手が離れていってしまうのである。

つまり、フラれるのだ。

それも、まったく自分とは関わりのない理由で、である。

「……何故か、どの娘もこれからってときに、急に体を悪くしたり、怪我をしてね。でね、私がフラれる度に、いつの間にかレイコが寄り添っているんだよ」

最初のうちはレイコさんの情の深さに絆《ほだ》されもしたが、何度も回数を重ねてくると、段々と嫌になってくる。

第一、交際が破局したことを、どこから彼女が嗅ぎつけてくるのか、わからない。

いい加減、そんな関係が嫌になり、彼女との縁を切ろうと決心した――その頃だ。

タケオさんの勤めていた証券会社が、突然に潰れてしまったのである。

当時、それは社会を揺るがせる大ニュースとなった。

そして、タケオさんにとっては、生活と人生設計を崩壊させる一大事でもあった。

「いきなり、無職になってしまったからね。それでも目端《めはし》の利く社員は、それぞれに再就職先を見つけていたんだが……私はそうもいかなくてね。貯金もなく、完全に生活に行き詰ってしまって」

再就職の努力もしたが、中々上手くいかない。

前の会社で得た肩書きは、まったく役に立たなかった。

何もかも行き詰まり、結局、別れようと思っていたレイコさんに頼らざるを得なくなったのである。

転がり込んだレイコさんのマンションで、失意のうちに時を過ごし――

ある日、「一緒に、実家に行って欲しい」と頼まれた。

さすがに、嫌だとは言えなかった。

「で、初めて彼女の実家を訪れたんだが……とにかく、大きな家でね。話には聞いていたけど、とんでもない名家の生まれだって、改めて感心させられたよ」

そこでタケオさんは、大変な歓待を受けることとなった。

彼女の親族に加え、近隣の住人までが招かれた大宴会が開かれたのである。

親戚の人数も多く、酌を受ける度に「レイコちゃんを頼む」と肩を叩かれたという。

過剰な接待に気を重くしながらも、タケオさんはあることに気がついた。

彼女の親戚に、男性が少ないのである。

聞くと、レイコさんのお父さんも早くに亡くなったらしい。

「何となくだが、レイコの親族が私を家に迎えたがっている理由が、わかったような気がしたんだ。でも、そのときには、私も半ば観念していてね。と言うのも……」

分家を名乗る男性から「東京で社長をやっている友達がいるから、君のことを是非、紹介しておこう」と、言われたのである。

——それで、すべてが決まった。

翌日、タケオさんは親戚一同の前で正座し、レイコさんとの婚姻の許しを請うた。

彼女の母親が「婿に、入ってくださいね」と、静かに微笑んだという。
どこからか、犬の鳴き声が聞こえた。

「で、それからは、全部があっと言う間に進んだよ。ひと月も経たないうちに、結婚式が開かれてね。もっとも、段取りをすべてレイコの親族が仕切っていたから、私はただ頷いているだけだったけどね……出席した私の親族も、あまりに式が盛大すぎて、ただただ恐縮するばかりだったよ」

披露宴には、テレビで見たことのある著名な学者や、政治家の姿もあったという。
その翌日には、再び近隣の住人を交えた宴が開かれ、嫌というほどの祝辞を受けた。
やがて祝いの場からも解放され、ようやく一息ついたときのこと。
彼女の叔父から、「ちょっと、来てくれないか」と呼ばれた。
黙って叔父に従うと、屋敷の奥深いところにある庵のような小さな部屋に通された。
薄暗い部屋の上座に、レイコさんの母親と祖母が座っている。
レイコさんの、姿はなかった。
タケオさんは頭を下げつつも、彼女たちの前に置かれた座布団に端座した。
——この家は、犬神憑きの筋だよ。

最初に、祖母が発した言葉だった。

次いで、レイコさんの母親が言い含めるように、ゆっくりと「犬神憑き」について、語り始めた。

「本当のところ、薄々は感づいていたんだよ。何かの宗教に関係した家柄だってことは。まぁ、家の規模や影響力を見れば、ね。ただ、犬神ってのは、よく知らなくて」

彼女の母親の説明は、こうだ――

レイコさんの家では、古くから「犬神」を祭っている。

そして、この家の当主は必ず婿取りを行うのだという。

と言うのも、この家では代々、女性しか生まれないからである。

生まれた女の子は、五歳まで育つと、ある儀式を受けることとなる。

その儀式を受けることで、女の子は「犬神」の加護を受けられるのだという。

それは、一種の式神のようなものらしく、「犬神」は儀式を受けた女の子を幸せにするためなら、どんなことでも実行する。

その力は凄まじく、たとえその娘が望まなくとも、彼女の将来に〈悪い影響を与えそうな物ごと〉があれば、事前に対処してしまうらしい。

つまり、「忖度《そんたく》」をするのである。

「それを聞いて、腑《ふ》に落ちたと言うか……なぜ、元の彼女が死ななければならなかったのか、やっと理解できたような気がしたんだ。もちろん、手遅れだけどね」

それ以外にも、付き合った女性との破局や、勤めていた会社の倒産など、思い当たることは幾らでもあった。

だが、今更それを知ったところで、どうにかなるものでもない。

「だけど、レイコさんと一緒にいる限り、あんたの出世は思いのままだよ」

部屋の隅に控えていたレイコさんの叔父が、慰めの言葉を掛けてきた。

見ると、その顔には酷く疲労の影が射している。

「——どっちにしたって、逃げられやしないんだから」

感情を込めずに、叔父が呟いた。


「これが、妻との〈なれそめ〉のすべてだよ。その後は、あのとき叔父が言った通りで。出世もしたし、ふたりの子宝にも恵まれて……絵に描いたように幸せだよ」

結婚から十年経ってレイコさんは初産に臨み、その後、もうひとりを産んだ。

やはり、ふたりとも女の子だったという。

彼女の叔父は、結婚式の数か月後に亡くなった。

「それでね……結婚してから、私なりに『犬神』について調べてみたんだよ。あの日の義母の説明には、儀式の内容は触れられていなかったし……なにより、亡くなった叔父の言っていたことが、ちょっと気になってね」

当然、タケオさんの推測を交えてだが、わかったことがふたつある。

ひとつは、レイコさんの家系に婿入りした男性は、悉《ことごと》く早死にしていることだ。

レイコさんの父親もそうだし、親戚筋に男性が少なかったのも、それが原因らしい。

「断言はできないけど……妻の家系に入った男性は、出世と引き換えに寿命を費やしているんじゃないかと思うんだ。多分『犬神』っていうのは、レイコの家系を繁栄させるための、『装置』なんじゃないかな」

そして、もうひとつ。

恐らく「犬神」を授ける儀式においては、何かの小動物を犠牲にして、それを式神に変化させているのではないか、と言うことである。

その小動物が、何なのかはわからない。

レイコさんは話してくれないし、実家に訊ねる訳にもいかないからだ。

「ただ、長女が五歳の年、妻が一度、長女を連れて実家に帰っているんだよ……で、その後に、少しだけ長女の様子が変わったんだ」

それまで、小さな動物やキャラクターが好きだった長女が、一切それらに見向きもしなくなったのだという。

その二年後、次女が五歳になったとき、彼は無理矢理に会社を休んで同行した。が、途中、タケオさんだけが親戚の家に引き止められてしまい、結局、儀式に立ち会うことは叶わなかったという。

「すべてが、私の意思とは無関係に進められているようでね……いい加減、嫌気がさしていたんだ。まぁ、だからって言い訳にしかならないけど……」

最近のこと。

タケオさんは社内の若い女性と、浮気をした。

と言っても、最初は居酒屋で飲んでいただけだったが、やがてお互いに気持ちが通じ合い〈一回だけなら〉と、一夜の宿を探してホテル街を歩いたのである。

ところが、〈ボキッ〉という鈍い音と共に、急に浮気相手がしゃがみ込んでしまった。

見ると、彼女の脛《すね》が真ん中で、妙な方向にひん曲がっていた。

「ぎゃーーーっ」と、悲鳴を上げる彼女に寄り添いながら、タケオさんは慌てて救急車を呼ぶ羽目になったという。

「病院に、警察。会社にも詳しく事情を聴かれてね。事件にはならなかったが、さすがに浮気のことがバレて……でも、レイコは何も言わなかったよ。別に、言う必要もないと、彼女は知っているんだろう」

「犬神」は浮気すら許してくれないのだと、改めて気づかされた。

それ以来、彼はいままで以上に家族を大切にするようになり、他の女性に目をくれることも無くなったという。

自分には、〈家族と共に生きるしか道はない〉と、思い知ったのである。

「私はね。この先、あまり寿命が長くないと覚悟を決めているんだよ。それは、妻と家庭を持った以上、仕方のないことだからね。ただ、ね……」

最近、ふと、ふたりの娘の生末《いくすえ》を考えることがある。

きっと、この娘たちは自分と同じような男性に恋をして、自分と同じようにその男性の人生を壊してしまうのだろう。

そして、それは永遠と繰り返されていく。

そう考えると——怖くて仕方がないのだと、タケオさんは言った。

あとがき

この度は、「実話怪事記　穢れ家」をお手に取って頂き、誠に有難う御座います。

怪談作家をやらせて頂いております、真白と申します。


さて、今作についてですが、だいぶギリギリな日程ながらも、何とか上梓することが叶いました。もちろん、いままでに、余裕で初稿を上げた経験などありません。

毎回、読み直しと修正で、締め切り直前まで頭を捻り続けているのですが、今回はちょっと（と言うか、かなり）時間的に厳しい中での進行となりました。

まずは、体験談の収集です。

前作を上梓した後、ストックが乏しくなったため、大変厳しい状態からのスタートとなりました。また体験談を頂戴した方々には、多少強引に御時間を空けて頂いた場合も御座いました。

私の場合、友人から「体験談を持っていそうな人」を紹介して頂くことが多いのですが、当然、全員に直接お会いできる訳ではありません。

面会する時間がなかったり、或いは取材を嫌がられたりする方もおられます。

また、外国や、非常に遠い地方に住まわれている方など、物理的にお会いするのが難しい場合も御座います。

そのようなとき、例えば友人を中継して話を伺ったり、或いはメールでやり取りをさせて頂いたりと、体験談だけをお預かりするような形になってしまいます。

せめて、御食事くらい御馳走させて頂ければと考えているのですが、現状、皆様の御厚意に甘えさせて戴くことも多々あり、心苦しい限りです。


で、次は収集した体験談の執筆です。

これがまた大変なことでして、元々、文科系が駄目で、高校の早い時期から数学や化学、物理しかやってこなかった人間には、中々に荷が重いのです。

「じゃあ、なんで怪談書きなんかやっているの？」

と問われると困ってしまうのですが、やはり「実話怪談が好きだから」と答える他ありません。

で、好きである以上、少しでも怖く、不気味に、或いは可笑しく、スカッと楽しんで頂けるよう、時間を取って書きたいじゃないですか。

今回、幸いにも締め切り日の直前に、ゴールデン　ウィークがありました。

また、更に有難いことに、私が勤めている会社は九連休を取ってくれておりました。

はい、潰れました。ゴールデン　ウィーク。

連休の殆どの時間を、スタバとルノアール、サイゼリアで過ごしました。

九日間、東京から一歩も他県に出ておりません。

と言うことで、現在（五月六日）も、あとがきをルノアールで書いております。

事程左様に、色々なことを犠牲にして書き上げました本書ですが、少しでも皆様の無聊のお供になればと、願ってやみません。


では、本書を執筆するにあたり、お世話になった方々にお礼を。

今回も数々のお話を聞かせて頂いたSさん。毎回、話を集めてきてくれる友人のS、Kさん、Oさん。メールでやり取りをさせて頂いたMさん、Tさん。

お忙しい中、取材の時間を頂きましたプロデューサーのAさん。

それと今回、東京で怪談師の活動をやっておられる正木さんにも、お話を数話、ご提供頂きました。彼は語りが上手で、積極的に収集活動をされている方なので、もしテレビや怪談イベントなどで見掛けることがありましたら、応援してあげて下さい。

その他にも、沢山の方々に大変お世話になりました。

また、お世話になっている編集のN様には、毎回無茶なご要望を頂いております。

それと、私が怪談書きをやるようになった折、大変お世話になりました平山先生にも、お礼を申し上げたく存じます。

先日は「頑張りな」と励ましのお言葉を頂戴し、誠に有難く思っております。

このように様々な方々の御厚意によって、本書は出来上がっております。

最後に読者の皆様に深くお礼申し上げげつつ、本書の締めとさせて頂きます。

二〇一八年五月六日　喫茶店にて

実話怪事記 穢れ家

2018年6月5日　初版第1刷発行

著者　真白 圭
デザイン　橋元浩明（sowhat.Inc.）
企画・編集　中西如（Studio DARA）
発行人　後藤明信
発行所　株式会社 竹書房
〒102-0072 東京都千代田区飯田橋2-7-3
電話03（3264）1576（代表）
電話03（3234）6208（編集）
http://www.takeshobo.co.jp
印刷所　中央精版印刷株式会社

定価はカバーに表示しています。
落丁・乱丁本の場合は竹書房までお問い合わせください。

ISBN978-4-8019-1468-1 C0176